리더의 7가지 자격

리더의 7가지 자격

1판 1쇄 발행 | 2024년 1월 15일
1판 2쇄 발행 | 2024년 7월 10일

저자 | 제임스 홀리스
엮은이 | 김주영
디자인 | 정원미
펴낸이 | 이현순

펴낸곳 | 백만문화사
주소 | 서울특별시 마포구 토정로 214(신수동 388-2)
대표전화 | (02) 325-5176
팩스 | (02) 323-7633
신고번호 | 제2013-000126호
홈페이지 | www.bm-books.com
이메일 | bmbooks@naver.com
Translation Copyright©2024 by BAEKMAN Publishing Co.
Printed & Manufactured in Seoul, Korea

ISBN 979-11-89272-39-5(03320)
값 17,000원

◇ 리더가 먼저 변해야 조직이 산다 ◇

리더의 7가지 자격

제임스 홀리스 지음 **김주영** 엮음

백만문화사

대통령, 기업의 사장, 조직의 회장, 그리고 군대의 상사, 이들의
공통점은 무엇일까? 정답은 리더다. 리더는 다른 사람을 이끄는
사람이다. 그리고 그 사람들이 소속된 조직을 운용하는 사람이다.
따라서 리더는 사람들을 잘 이끌어야 한다. 리더는 다른 사람들을
잘 이끌어 조직의 목표를 달성해야 한다. 이처럼 리더란 다른 사
람을 잘 이끌어서 원하는 목표를 원하는 결과를 만들어 내야 하는
사람들이다. 뛰어난 리더는 다른 사람들에게 영향력을 발휘하여
잘 따르게 만든다.

그럼 사람들은 왜 리더를 따르는 것일까? 사람들로 하여금 리

더를 기꺼이 따르게 하는 것은 무엇일까? 그것은 리더가 가진 권위 때문이다. 권위란 권세와 위엄을 뜻하는 말로, 다른 사람을 지휘하거나 통솔하여 따르게 하는 힘을 말한다. 결국 리더는 권위를 가져야 그 힘으로 다른 사람을 통솔할 수 있다는 말이다. 리더의 권위가 리더의 영향력을 발휘하는 원천인 셈이다. 권위가 있는 리더는 타인에게 영향력을 발휘할 수 있는 반면, 그렇지 못한 리더는 별 힘을 발휘하지 못한다. 과거의 리더와 현재의 리더를 비교하면 오늘날의 리더는 과거에 비해 영향력을 발휘하지 못하고 있다. 한 마디로 요즘은 리더가 리더 노릇하기가 힘들어졌다. 이것은 모든 분야에서 그렇다. 직장은 말할 것도 없고, 군대, 학교, 사회 전반에 걸쳐 과거보다 리더십을 발휘하기 어려워진 상황을 두고 리더십의 위기라고 말하기도 한다.

이러한 현상의 원인은 여러 방면에 걸쳐 존재하지만, 무엇보다도 급속하게 변하는 사회와 시스템을 들 수 있다. 특히 정보가 범람하는 시대를 맞이하여 이제 리더만이 정보를 접할 수 있는 시대는 지나갔다. 사회 전반에 걸쳐 중대한 사안을 말하고 전달하고 활용할 수 있는 고급정보를 리더만이 독차지할 수 있는 시대는 지나갔다. 또 기업에나 조직에서 서열에 의해서 리더가 정해지는 시대는 옛날이 되어 버렸다. 능력과 힘만 있으면 어제의 부하가 오늘 리더가 될 수 있는 세상이 된 것이다. 세상은 빠르게 변하여 조직 구성도 유연해졌다. 과거에는 승진 사다리를 착실히 올라가야 리더가 되었지만, 요즘에는 어느 날 덜컥 리더가 되는 경우가 많다.

오늘날 리더가 더욱 곤혹스러운 것은 이렇게 모든 것이 급변하고 있지만, 조직이나 기업이 리더의 상황을 감안해 주는 경우가 드물다는 점이다. 리더의 권위가 예전만 못하더라도 조직에서는 여전히 리더가 부하 직원들을 잘 이끌기를 바란다. 부하 직원에게 긍정적인 영향력을 발휘하여 주어진 목표를 달성하고 성과를 창출하기를 기대한다. 그렇지 못한 리더에게는 가혹한 평가와 함께 압박이 가해진다. 요컨대 오늘날 리더를 둘러싼 환경은 점점 리더십을 발휘하기에는 어려워지고 있지만, 여전히 리더에게는 강력한 리더십이 요구되고 있는 상황이다.

오늘날 리더가 책상에 앉아서 명령만 내리면 일사분란하게 움직이는 시대는 지났다. 그런 시대는 이미 예전에 지나갔다. 과거는 그랬을지 모르지만 현재는 아니고 앞으로는 더더욱 아니다. 지금은 자발적으로 추종하게 하는 시대이다. 명령이 아닌 감동으로 사람들을 움직이게 하는 시대이다. 감동 없이는 자발적인 참여와 헌신을 기대할 수 없다. 감동의 유무에 따라서 리더의 말이 잔소리가 될 수도 있고, 동기부여가 될 수도 있다. 리더의 잔소리가 아닌 동기부여가 될 수 있도록 하기 위해서는 리더가 변해야 한다. 리더의 자세가 변해야 한다. 그럼 어떻게 변해야 할까? 리더가 감동을 주어 영향력을 행사하는 리더가 되기 위해서는 어떤 조건을 갖추어야 할까? 필자는 7년 동안 많은 리더들을 접하고 대화를 나누면서 깨달은 점을 본서를 통해서 밝히고자 한다.

제임스 홀리스

| 차 례 |

7

PART 7
영감을 주는 훌륭한 리더의 소통 방법

PART

1

리더의 자질을 증명하는
무형 자산

part 1

리더의 자질을 증명하는 무형 자산

1

신뢰의 기초가 되는
진정성

오늘날 특히 경쟁이 치열한 비즈니스에서 리더가 항상 기업 가치에 입각한 의사 결정을, 그것도 손해를 보면서 내린다는 것은 어려운 일이다. 리더 역시 좋은 의도를 가지고 일을 진행하다가도 막상 어떤 압박에 처하면 그 의도를 잊어버린다. 특히 기업은 금전적인 가치를 최고로 여기고 다른 핵심 가치는 잘 고려하지 않는 속성을 가지고 있다. 리더가 조직의 사명과 목적에 가치를 두고 일에 진심으로 몰입해 그 구성원들에게 긍정적인 영향을 발휘함으로써 그들의 조직 몰입도를 높이는 것은 매우 중요하다.

리더가 될 정도라면 목표 달성에 필요한 테크닉을 가지고 있을 것이다. 하지만 테크닉으로 할 수 있는 것은 작은 일이다. 목표와 핵심 가치에 맞게 리더가 진정성을 가지고 몸소 실천할 때 구성원들은 리더의 말을 귀담아 듣고 따라서 행동이 변화하기 시작한다.

그러면 진정성이란 무엇을 말하는 것인가? 진정성이란 자신의 생각과 행동에 대해 진실함을 가지고 행동하는 것을 말한다. 리더에게 진정성이란 책임감을 의미한다. 따라서 책임감의 다른 의미이기도 하다.

"모든 책임은 내가 진다." 미국의 33대 대통령 해리 트루먼이 책상 앞에 붙여 놓았던 글이다. 그는 1944년 루스벨트의 러닝메이트가 되어 부통령이 된 82일 만에 루스벨트가 세상을 뜨면서 대통령직을 인수했다. 그는 세계 제2차 대전이라는 어려운 시기에 나가사키와 히로시마에 원폭 투하를 명령했고, 유럽 부흥을 위한 마셜플랜을 가동시키는 등 결단력을 보여주었다. 세계 역사의 물줄기를 바꾼 주문은 바로 "책임은 내가 진다."는 책임감에서 나온 것이다.

| 진정성이 없는 리더의 비극 |

진정성이 없으면 합리적 사고능력을 상실하게 되고 구성원들 내부에 숨겨진 진실한 동기를 이끌어 낼 방법이 없다. 진정성이 없는 무책임한 리더는 두 가지 측면에서 비극이다.

첫째, 진정성이 없는 리더는 상사나 구성원들로부터 신뢰를 얻지 못한다. 진정성이 없는 리더는 구성원 어느 누구도 믿지 않는다.

둘째, 본인보다 진정성이 더 없는 사람을 설득할 수 없다. 서로 진정성이 없기에 거래 외에는 동기부여를 할 수단이 없다. 서로 의심하게 되고 불신하여 진정한 거래가 이루어지지 않는다.

리더의 진정성은 초심을 말한다. 최초 리더가 되었을 때 그 순수한 마음, 조직과 구성원을 위해서 헌신하겠다는 각오와 사리사욕을 채우지 않고 오로지 조직만 위해서 일하겠다는 열정 등을 말한다.

진정성은 리더의 소중한 자산이다. 어쩌면 유일한 자산일지도 모른다. 리더십의 경지는 진정성이 얕고 깊음에 따라 그 영향력이 크고 작음이 결정된다. 진정성은 영향력 발휘의 바탕이다. 진정성이 없는 리더가 내린 돌격 명령을 어느 누구도 따르지 않는다.

리더가 초심을 잃는다는 것은 진정성을 잃는다는 것이다. 이것은 비극이다. 진정성을 잃으면 처음에는 조직과 구성원을 위한 리더로 시작하지만, 잘 나갈수록 유혹에 노출되고, 집요한 유혹을 이기지 못하여 부패 리더로 변질된다. 처음부터 부패하고 무능한 리더였다고 생각하면 오산이다. 그도 초창기에는 무언가 우수한 점이 있었기에 그 자리에 오를 수 있었던 것이다. 시간은 처음에 갖고 있던 장점을 마모시켜 버린다. 더욱이 세상은 인간의 약한 본성을 교묘히 파고들어 리더를 부패시킨다. 따라서 리더는 초심을 잃지 않도록 자신을 잘 관리해야 한다.

리더는 경험이나 핵심기술, 결정적인 노하우 등을 전수하는 것만으로 부족하다. 구성원들의 가슴에 열정과 동기의 불을 붙일 수 있어야 한다. 이것은 리더의 진정성이 없다면 어떤 메시지도 전달되지 않는 속성이 있다. 리더는 자신의 내면에 있는 진정성을 회복하고 그것이 눈부시게 빛을 발휘할 수 있도록 만들어야 한다.

오늘날처럼 복잡하고 혼탁한 시대에는 무엇보다도 진정성 있는 리더가 필요하다. 이 시대는 무엇과도 바꿀 수 없는 무형의 자산, 진정성을 가진 리더를 요구하고 있다.

2

리더에게 겸손이란
무엇인가?

    조직에서 가장 높은 지위에 있고, 조직을 통솔하는 모든 권한을 위임받은 리더에게 겸손이란 무엇을 말하는 것일까?

    인류 역사상 가장 많은 영토를 소유했던 몽고의 징기스칸은 부하들에게 자신을 '님, 주군'이라 부르지 말고 자신의 이름 태무진이라고 부르게 했다. 또한 부하들을 부를 때도 "형제여!"라고 친족처럼 부르며 대했다. 그는 광활한 유라시아 대륙을 호령한 리더임에도 불구하고 부하들과 똑같이 옷을 입고, 같은 음식을 먹었으며, 자기 것을 공유하는 삶을 추구하는 리더였다. 겸손이 리더로 그를 더욱 빛나게 하였던 것이다.

존 헤네시 전 스탠퍼드 대학교 총장은 16년 동안 대학 총장으로 재임하면서 탁월한 리더십을 발휘하여 스탠퍼드 대학을 세계 최고의 대학 반열에 올려놓았으며, 세계적으로 많은 업적을 남긴 리더들을 배출했다. 그 제자들 중에는 구글 창업자 세르게이 브린 그리고 래리 페이지, 야후 공동창업자인 제리 양 등 그 밖에 수많은 저명인사들이 있다. 전기 작가인 월터 아이 작슨은 그를 스티브 잡스, 빌 게이츠, 제프 베조스와 더불어 '이 시대의 진정한 창의적 리더'로 꼽았다.

이 시대의 진정한 리더로 뽑힌 헤네시는 리더의 첫 번째 덕목으로 겸손을 뽑았다. 겸손이 리더에게 그만큼 중요한 덕목이라는 것이다.

리더에게 겸손은 그저 사람들에게 고개를 숙이는 것을 말하지 않는다. 존 헤네시는 "겸손은 자신의 공적을 자랑하지 않고, 자신의 취약성을 인정하며, 도움이 필요할 때는 기꺼이 요청하고, 실수를 통해 배우며, 자신을 성장시켜 줄 과제에 당당히 도전하는 것을 의미한다."고 말하였다.

많은 리더들은 사람들이 자기를 겸손한 리더로서 알아주기를 바란다. 어느 분야에 종사하던 구성원으로부터 '우리 조직의 리더는 참으로 겸손하다.'는 말을 듣고 싶어 한다. 이것은 겸손한 리더가 모두에게 존경받는 훌륭한 리더라는 것을 알고 있기 때문에 자신도 그런 칭찬을 듣고 싶은 것이다. 그리하여 2018년 〈월드 스트리트〉 저널은 세계 유명기업인 380명을 상대로 가장 존경받는 리더에 대한 설문조사를 했다. 그 결과 응답자 중 80%가 "겸손한 리더"라는 대답을 했다. 겸손한 리더를 모든 사람들이 갈망하고 있지만, 한편으로는 그만큼 찾기가 힘들다는 뜻이다.

| 겸손한 리더에게는 중심이 있다 |

겸손은 성취하는 것이 아니라 중심을 가지고 다른 것을 추구할 때 덕으로 따라오는 것이다.

시리아의 작가 아이작은 겸손한 리더에 대해서 이렇게 말했다.

"겸손한 리더는 절대 허둥대거나 서두르거나 또는 방황하지 않으며, 언제나 차분하다. 어떤 일도 그를 놀라게 하거나 불안하게 하지 않는다. 그는 시련이 다가와도 변하지 않으며, 기쁜 일이 있어도 득의양양 하지 않는다. 그에게는 중심이 있기 때문이다."

겸손한 리더는 자신들의 힘으로 세상을 바꾸려는 꿈도 꾸지 않는다. 세상을 변화시킬 수 있다는 망상도 하지 않는다. 화려하고 장엄한 구호를 함부로 입에 올리지 않으며, 다만 자기에게 주어진 역할을 묵묵히, 철저히 할 뿐이다.

그들은 특권보다는 의무를 중시하고 부당한 승진이나 출세를 바라지 않는다. 그들은 겸손하기 때문에 쉽고 빠른 승리를 기대하지 않는다. 어떤 상대도 함부로 얕보지 않고 최선을 다한다. 뛰어난 업적을 이루고도 항상 그들의 언어는 겸손하고 따뜻하다. 자기보다 뛰어난 업적을 남긴 사람들이 많다는 것을 인정하기에 항상 새로운 것을 찾아 배우고 도전한다.

겸손은 리더가 구성원들과 교류하는 데에 기본적으로 갖추어야 할 자산이다. 구성원들과 진솔한 대화를 나누고 소통하는 데에 근본이 되는 덕목이다.

겸손한 리더는 자신에게 다른 사람들이 필요하다는 것을 알고, 그러한 사실을 그들에게 알린다. 겸손은 리더의 자존심을 억누르고 리더와 팀원들을 연결하고, 팀원들을 팀의 중심으로 이끌며, 그들이 자신의 비전을 더 잘 실현할 수 있도록 해준다. 겸손한 리더는 자신의 결점을 비롯해 다른 사람들이 필요하다는 것을 알고 기꺼이 도움을 청한다. 겸손한 리더는 자신이 옳다고 생각하는 것보다 실제로 옳은 것에 관심을 쏟는다. 겸손함은 약해서 나서지 않는 것이 아니라 자신보다 원칙을 더 우선시하는 것을 의미한다. 이 시대가 요구하는 리더는 겸손하면서 자신감 있는 리더이다.

3

가면을 벗을 용기와
미움 받을 용기

현대는 정보화 시대다. 그런데 많은 리더들이 정보 지식 사회에서 리더십을 발휘하는 데 어려움을 겪고 있다.

정보화 시대는 모든 것이 노출되어 있다. 이런 시대에는 비교하고 확인할 수 있는 정보가 방대하고 그 속도가 빨라졌다. 이런 환경에서 리더들이 탁월한 아이디어를 찾아내는 것이 힘들고 문제를 신속히 해결하기도 어려운데다 구성원 모두가 리더의 결정을 기다린다. 게다가 이런 상황이 계속되다 보면 어느 사이에 예기치 못한 위기가 닥친다. 이 때 위기를 극복하기 위해서 진정한 변화를 이끌 수 있는 리더에게 두 가지 용기가 필요하다.

| 가면을 벗어던지는 용기다 |

조직이나 기업이 위기에 처하면 대부분의 리더들은 힘들다는 내색을 거의 하지 않는다. 속내를 잘 이야기하지 않는다. 그러다 보니 리더들은 자연스러운 모습보다는 꾸며진 모습을 보인다. 이 것은 자신의 무능을 나타내는 것이므로 자존심이 허락하지 않는 것이다. 그리하여 가면을 쓰고 구성원들을 대한다. 아무 문제가 없다는 듯이, 자신이 충분히 해결할 수 있다는 듯 사람들을 대한다. 그렇게 어영부영하다가 골든타임을 놓쳐 호미로 막을 것을 막지 못하여 더 큰 위기를 불러오거나 파멸을 불러온다.

리더는 가면을 쓰고 사람들을 대해서는 안 된다. 본연의 모습으로 리드할 때 부하들도 자연스러워진다. 리더는 솔직하지 못한 태도를 보이며 리더의 위상을 얻으려 하겠지만 그것은 잘못된 생각이다. 자신의 모습을 숨긴 리더에게 매력을 느끼지 못한다.

이 시대가 요구하는 리더는 더 이상 자신을 허상에 가두어 두지 않는다. 리더의 가면을 벗어던진다. 진정한 자신의 모습으로 부하들과 조직을 대한다.

리더가 자신이 얼마나 힘든지, 우리 조직에 대한 문제와 고민은 무엇인지, 앞으로 얼마나 버틸지, 두려움에 잠 못 이루고 있다는 말까지 털어 놓으며 더 나아가서 업무를 제대로 처리하지 못할 정도로 상황이 돌아가고 있다는 말까지 진술하게 할 수 있는 용기를 가질 때 그 조직은 놀라운 변화가 나타나기 시작한다.

리더가 먼저 가면을 벗어버리면 부하들은 '수동적'이라는 가면을 벗어던지고 위기 상황을 극복하기 위해 적극적으로 행동하기 시작한다. 위기를 극복하기 위한 지혜와 아이디어를 모은다. 그리하여 마침내 함께 난국을 헤쳐 나가게 된다. 이것은 오로지 리더가 자존심이라는 가면을 벗을 때만이 가능하다. 따라서 가면을 벗어던지는 용기가 첫 번째로 필요한 용기다.

| 미움을 받을 용기다 |

어느 조직에서 일어난 일이다. 화려한 스펙에 평판도 좋은 임원 한 사람을 영입했다. 그는 성격이 좋아 직장 내에 분위기를 띄우기도 했다. 그러나 업무 처리가 더디고 결과가 좋지 않았다. 그 조직의 리더는 그 임원의 잘못을 지적하는 대신 부족한 점을 보완하도록 했다. 그러나 마냥 그렇게 할 수가 없어서 결국 해고를 통보했다. 그 임원은 해고 사유를 듣고는 이렇게 말했다.

"왜 진작 말씀하지 않았어요? 나에게 그런 잘못이 있다고."

위의 얘기는 애플 대학교 교수인 킴 스콧의 저서 〈상사ㅗㅗ를 위한 학문〉에서 나오는 내용이다. 상사로서, 또는 리더로서 아랫사람의 잘못을 지적하기가 쉬운 일이 아니다. 비록 부하이지만, 다른 사람의 마음을 상하게 하는 일이 결코 쉬운 일이 아니기 때문이다.

그러나 자율과 방치는 다르다. 리더가 되면 어쩔 수 없이 부하의 잘못을 지적해야 한다. 스티브 잡스는 부하의 잘못을 지적하는 일에 대해서 다음과 같이 말했다.

"직원을 위해서 상사가 할 수 있는 가장 중요한 일은 업무를 제대로 처리하지 못했을 때 정확하게, 투명하게, 그리고 분명하게 말해 주는 것이다. 그리하여 정상 궤도에 올려 놓아야 한다. 물론 그것이 대단히 어려운 일임에는 분명하다."

스티브 잡스는 한 마디로 말해서 리더는 부하들인 직원들로부터 미움 받을 용기가 있어야 잘못을 지적하여 정상 궤도에 올려놓을 수 있다고 말한 것이다. 그런데 상사로서 부하의 잘못을 지적하는 일이 그렇게 쉽지 않다. 지적했다가 그것이 상사의 잔소리로 들릴 수 있기 때문이며, 상사와 부하 사이일지라도 인간관계에서 남의 잘못을 지적하는 일이 쉬운 일이 아니다. 가뜩이나 외로운 처지에 있는 리더가 그로 인해서 외로움을 더 느낄 수밖에 없다. 그러나 혼자 모든 것을 판단하려 하지 않고 함께 논의하며, 명령을 내리기보다 설득하고, 아는 척하기보다 배우려는 자세를 보일 때 그 외로움은 줄어들 것이다.

4

자기 분야에서
뛰어난 실력

어느 조직에나 리더가 되면 주위에 수많은 경쟁자와 적이 있다. 적들은 나름대로 막강한 힘을 갖고 있기 때문에 쉽게 물러가지 않는다. 그런 적들을 물리치기 위해서는 결코 만만히 볼 수 없는 힘과 실력을 갖추고 있어야 한다.

2차 대전 이후 유대인들이 꿈에도 그리던 이스라엘 건국을 이루는 데에는 영국 정부의 절대적인 도움이 있었다. 여기에는 유대인 과학자 바이츠만의 공헌이 결정적이었다.

2차 대전 당시 여러 가지 탄환을 만드는 데에 필요한 무연화학을 만들기 위해 대량의 아세톤이 필요했다. 전쟁으로 인하여 아세톤이 함유된 나무 수입이 불가능해지자 영국 정부는 곤란한 입장에 처하게 되었다. 이때 유대인 과학자 바이츠만은 오랫동안 연구한 끝에 옥수수에 들어 있는 아세톤을 추출하는 방법을 발견하였다. 그리하여 연합국 전시물자 생산에 필요한 아세톤의 모든 수요를 충당할 수 있었다. 이에 영국 정부는 바이츠만이 그토록 바라던 이스라엘 정부를 수립하는 데 전폭적인 지원을 하였던 것이다. 바이츠만은 그 공로로 초대 이스라엘 총리가 되었다.

만일 바이츠만이 연구에 몰두하지 않아 전문지식을 쌓지 않았다면 이스라엘 국민들이 염원하는 독립도 빨리 이루어지지 않았을 것이며, 그가 총리에 오르지도 못하였을 것이다. 연구에 몰두하여 실력을 쌓았기 때문에 이런 일들이 가능했다.

| 독학으로 지식을 쌓는다 |

세상을 바꾼 리더들은 자기가 종사하는 분야에 대해 부족함이 없도록 열심히 지식을 쌓는다. 이들이 지식을 쌓는 방법은 독학이 대부분이다. 스티브 잡스, 토마스 에디슨, 알베르트 아인슈타인, 라이트 형제 등 많은 혁신가들이 그 대표적인 인물이다. 학교에서 배운 지식만으로는 세상의 이치와 변화의 속도를 따라갈 수 없기 때문에 학교를 졸업한 후에도 부지런히 공부하고 연구에 몰두한다. 이들은 대부분 독학으로 공부하였다. 독학의 방법은 주로 독서였다.

경영학이나 MBA도 없이 세계 제1위 컨설팅 회사 CEO의 파트너 자리에 오른 일본의 야마구치 슈山口周는 독학에 대해서 이렇게 말했다.

"앞으로 리더에게 필요한 것은 비판적으로 생각하는 힘이며, 이것은 독학에서 나온다."

그는 미래 사회를 이끌어갈 리더는 지적인 혁명가가 되어야 한다고 주장한다. 현대 사회에서 다양하게 일어나는 문제들을 해결하기 위해서는 보다 본질적이고 뼈대가 튼튼한 지식이 요구되기 때문이라고 강조한다.

앞에서 열거한 혁신가들은 분야를 막론하고 강한 호기심을 가지고 닥치는 대로 읽었다. 한 분야만 잘 아는 전문가로는 사회의 혁신을 이루는 리더가 될 수 없으므로 다방면에 걸쳐서 독서하였으며, 그들은 특히 교양 분야에 많은 책을 섭렵하였다. 애플이 그 대표적인 인물로, 2007년 그가 아이폰으로 휴대전화 산업에 뛰어들었을 때 당시 기존 휴대전화 사업을 해오던 기업들은 순식간에 시장 점유율의 절반은 빼앗기고 말았다. 휴대전화에 관해 전문가라고 하던 사람들은 초보인 애플에 항복하고 만 것이다. 애플은 교양 분야에 많은 독서를 통해서 인간의 심리를 꿰뚫어 고객들이 진정으로 무엇을 원하는 지를 깨달았던 것이다. 그 결과로 나온 것이 세상을 뒤바꾼 아이폰이었다.

| 독서를 삶의 중요한 위치에 올려놓은 리더 |

리더는 독서 자체를 삶의 중요한 순위에 올려놓는다. 그리고 독서를 통해 읽은 내용을 계속해서 반주하고 활용하여 자신의 삶을 바꾸어 놓는다.

독서로 교양을 익힐 때 빠지기 쉬운 함정은 단순히 교양 지식이나 상식을 넓히기 위해서 교양서적을 읽는다는 점이다. 따라서 훌륭한 리더는 무엇을 위해서 교양을 익히며, 어떤 목적을 가지고 독서를 하는가를 생각한다. 안이한 교양주의나 상식을 자랑하기 위해서 책을 읽지 않는다. 스티브 잡스는 이런 함정에 빠지는 것을 경고하여 다음과 같이 말했다.

"진정한 아티스트는 상품을 내놓는다."

그가 말한 것은 분명한 목적을 가지고 책을 읽이야 하며, 책을 읽고 공부를 했으면 결과를 내놓아야 한다는 뜻이다. 특히 리더가 바쁜 시간을 내어 독서를 할 때는 상품이라는 결과물을 내놓아야 독서의 가치와 의미가 있다는 말이다.

5

인재를 키우는 능력

2010년 일본항공(JAL)은 파산 직전에 놓여 있어 정부에 파산 보호 신청을 한 상태였다. 어느 누구도 그런 상황에 놓인 일본항공을 맡으려 하지 않았다. 그 때 KDDI를 세계적 기업으로 키운 이나모리 가즈오가 일본항공 회장을 맡았다.

측근 세 명만 데리고 투입하여 13개월 만에 흑자로 전환시켰으며, 2012년 3월에는 역대 최고의 매출액을 올렸다. 이 과정에서 "소선小善은 대악大惡과 닮아 있고, 대선大善은 비정非情과 닮아 있다."는 명언을 남기기도 했다. 2013년 일본항공에서 물러나 교세라에 복귀했다. 그 때 그의 나이 80을 바라보고 있었다.

가고시마 대학 공학부를 졸업한 이나모리 가즈오는 쇼후 공업에 입사했다. 1959년 교세라를 설립하였으며, 10년 뒤 주식시장에 상정하였고, 파인세라믹 기술로 성공했다. 1984년 다이니덴덴을 설립했으며, 교토상을 제정하였다.

이나모리 가즈오는 그 후 그에게 경영 철학을 배우고자 하는 경영인들의 요청이 쇄도하자 경영 아카데미 세이와주쿠를 설립하여 젊은 경영인들에게 경영인으로 가져야 할 자세와 철학을 가르치며 경영인을 기르고 있다. 인재를 키우고 있는 것이다.

이나모리 가즈오의 경영 철학의 핵심은 '사람을 키우는 능력'이다. 가즈오는 구성원들을 조직에 중요한 역할을 담당하는 인재로 키우는 것이 핵심이라고 강조한다. 그는 경영인들이 반드시 해야 할 핵심 가치로서 다음 네 가지를 말한다.

| 경영인들의 4가지 핵심 가치 |

첫째, 조직을 활기차게 운용하라.

둘째, 구성원들에게 동기를 부여하라.

셋째, 책임감 있는 간부를 양성하라.

넷째, 경영자로서 역할을 분명히 하라.

이나모리 가즈오는 직원들이 꿈을 꾸고 도전정신을 갖도록 하는 것이 리더로서의 가장 중요한 사명이자 책무라고 말한다. 그는 말로만 하는 것이 아니라 실제 행동으로 그렇게 하였다. 교세라 창업 초기 거래처에서 돌아오면 즉시 임원들을 모아놓고 제품의 용도를 자세히 설명하였다. 그가 설명한 제품들은 당시 존재하지 않았던 제품들이지만 그가 그 제품의 개발의 의미와 제품에 건 희망에 열의를 다해서, 간절하게 설명함으로써 직원들은 제품의 가능성을 믿게 되어 열심히 판매하게 된 것이다. 다른 사람들의 눈에는 불가능해 보이지만, 직원들은 사장의 꿈을 공유하게 되면서, 그 꿈을 실현하기 위해 새로움에 도전해보겠다는 확고한 의지가 생겨난 것이다.

어느 조직이나 리더는 항상 외롭고 고독하지만, 조직의 사활은 물론 모든 것을 책임져야 할 중요한 위치에 있는 사람이다. 이나모리는 그런 중책을 맡을 사람을 키우는 것이 리더라고 말한다.

리더는 직원들에게 희생을 강요하지 않으며, 자신의 이익보다 직원들의 행복을 먼저 생각해야 한다. 그는 리더가 직원들로부터 마음을 얻어야 제대로 조직을 운영할 수 있다고 강조한다. 조직원들이 "리더가 참 훌륭한 사람이야."라고 칭찬할 때 그 조직은 성장하고 발전할 수 있다는 것이다. 이 시대가 요구하는 리더는 다른 사람들이 아닌, 구성원들로부터 항상 칭찬과 존경을 받는 리더이다.

6

신속하게 결정하는
결단력

리더는 결단하는 사람이다. 결단하지 않으면 아무것도 이룰 수 없다. 내 손 안에 든 무기가 한없이 비루한 무기일지라도 그것조차 크게 쓰는 깃이 리더의 역할이고, 그러기 위해서는 결단력이 필요하다.

"적어도 전쟁은 많은 사람들의 일이 아닌 지휘관 한 사람의 일이다." 나폴레옹의 말이다. 여기서 '지휘관 한 사람의 일'이란 리더의 결단력을 의미한다.

리더십 컨설팅 회사 GAE 치스마트의 대표 엘레나 J. 보텔로는

2,600명의 성공한 CEO를 만나 그들이 성공한 조건을 조사하여 그 결과를 그의 저서 〈이웃집 CEO〉에 발표하였다.

그는 결단성 있는 CEO가 그렇지 않은 CEO보다 성과를 올릴 가능성은 열두 배 이상 높다고 하였다. 그 예로 미국을 대표하는 버스 회사 그레이하운드의 CEO 스티브 고먼을 들었다.

스티브 고먼이 CEO로 취임했을 당시 그레이하운드는 많은 노선을 가지고 있었으나 수익성이 없는 노선이 많았다. 그리하여 2년 동안 1억 불이 넘는 적자를 내고 있었다. 스티브는 취임하자 수익성 없는 노선을 과감하게 폐지하고 고수익 중심으로 교통망을 개편하였다. 버스 기사를 비롯하여 많은 사람들이 반대하였으나 그는 과감하게 결단을 내렸다. 그 결과 4년 만에 3,000만 달러의 흑자를 내는 버스회사로 변신하였다.

고먼은 수익성이 없는 노선을 폐지한 다음, 이어서 고수익 중심으로 교통망을 재편하였다.

| 남다른 결단력의 소유자 |

롭 무어는 영국에서 가장 빠른 속도로 자수성가하여 서른 살에 영국 최대 부동산 기업 프로글레시브 프로미터를 운영하고 있다. 그는 자기 자본 한 푼도 들이지 않고 500채 이상의 부동산을 소유한 것으로 유명하다. 무어는 사업에서 성공하기 위해 세계적으로 유명한 기업들을 만나서 그들이 성공하게 된 공통점을 발견하였다. 그것은 바로 '결단력'이었다. 그는 다음과 같이 말했다.

"제각기 다른 분야에서 다른 방법으로 성공했지만, 남다른 결단력을 가지고 있었다는 점이다. 경제적 수준도, 지능도, 끈기도, 성격도 평범하지만 이들에게는 남다른 결단력이 있었다."

롭 무어는 결단력도 하나의 힘으로, 우리가 다른 힘과 마찬가지로 훈련을 통해서 이 힘을 키울 수 있으며, 사용하면 할수록 이 힘은 커진다고 말한다. 잘못된 결단은 대부분 감정에 휘둘려 감정이 움직이는 대로 했기 때문에 일어나는 것이므로 먼저 감정을 이해하고, 조절하고, 관리하고, 그리고 정복하면 잘못된 결단을 예방할 수 있다는 것이다.

능력 있는 리더는 무엇보다 먼저 자신의 감정을 조절할 줄 안다. 그리하여 감정에 휘둘려서 중요한 일을 결단하는 일이 없다. 냉정하게 생각하고 판단한 다음 그것이 반드시 지금 해야 할 일이라고 판단되었을 때 신속하게 결단을 내린다. 그리고 그것에 대한 책임은 리더가 진다.

7

투철한 책임감

2008년 미국 금융시장에서 시작된 금융위기는 전 세계 금융시장 뿐만 아니라 세계 경제에 막대한 영향을 미쳤다. 월가 금융회사들이 저 신용자들까지 끌어들여 돈벌이를 하려고 서브프라임 모기지라는 비우량주택 담보대출 상품을 남발한 것이 계기가 되어, 누구도 예상치 못한 대형투자은행들의 파산을 몰고 와 세계금융시장을 충격과 공포로 몰아넣었다. 미국의 저명한 학자나 금융계에 종사하는 사람들이 이런 대참사의 원인을 다양하게 진단했으나 뉴욕대학교 나심 탈래브 교수는 한 마디로 금융계에 종사하는 사람들의 '책임지지 않는 행동'이 그 이유라고 말했다.

"당시 금융위기가 발생하기 전까지 금융계에 종사하는 사람들은 대학 연구소에서 연구하는 사람들조차 생각지도 못할 리스크 모델을 활용하여 많은 돈을 벌었다. 학자들조차 그런 리스크에 대해서 아무것도 알지 못하고 있었다."

탈래브는 책임을 지지 않는 사람들이 어떻게 세상을 망치고 있는가에 대해서 말하면서 '책임'을 강조하면서 다음과 같이 말했다.

"인간이 살아가면서 지켜야 할 가장 중요한 원칙은 책임이다. 책임은 모든 사람이 지켜야 할 철칙이지만 특히 조직이나 기업의 책임을 맡고 있는 리더에게 가장 중요한 원칙이 책임이다."

경제계뿐만 아니라 정치, 학계, 언론 등 모든 분야에 거쳐서 많은 사람들 특히 책임을 지고 있는 리더들이 책임을 지지 않기 때문에 여러 가지 문제점 들이 발발하고 있다. 그들은 자신이 선택하고 행동한 일에 대해서 전혀 책임을 지지 않는다. 선택하고 행동하는 사람들이 사후에 책임을 지지 않으면 앞으로도 불행한 일들이 되풀이될 것이다.

리더가 책임을 지지 않는 것은 책임을 지는 것이 두렵고, 자신이 가진 것을 어쩌면 다 잃을 수 있다는 걱정 때문이다. 그래서인지 문제가 생기면 리더들은 문제로부터 도망치려는 모습을 나타낸다. 이들과는 달리 자신이 한 일에 대해서 끝까지 책임지는 리더들이 무책임한 리더들보다 더 많다. 그러기에 세상은 발전하고 있는 것이다.

| 리더가 책임을 질 때 일어나는 현상 |

첫째, 책임을 지겠다고 할 때 정체성이 바뀐다.

책임지겠다고 하는 의미는 문제를 풀 수 있는 실마리를 찾겠다는 의미이기 때문이다. 리더가 책임지겠다는 생각 하나로 자신도 모르게 문제를 해결하겠다는 해결사로 바뀐다. 그러므로 리더는 앞에 닥친 문제 앞에서 도망치지 않는다.

둘째, 생각이 바뀌고 열정과 능력이 생긴다.

정체성이 바뀌면 가장 먼저 사고와 매커니즘이 바뀐다. 생각이 바뀌면 열정이 생긴다. 문제 해결을 위한 에너지를 스스로 생산하기 시작한다. 그 에너지가 있으면 문제 해결을 위한 능력이 생긴다.

셋째, 문제가 성장하는 지름길임을 알게 된다.

리더는 문제에 대한 책임을 질 때 성장해 나갈 수 있다. 문제를 푸는 것은 사실 조금 벅찬 일일 수도 있다. 해결책이 명확히 제시되어 있는 것도 아니고, 스스로 문제를 해결해 나가야 하기 때문이다. 리더는 문제에 대한 책임 의식을 가지고 해결해 나갈 때 성장하게 된다.

　이 시대가 요구하는 리더는 자신이 한 일뿐만 아니라 자신의 조
직이 안고 있는 모든 문제에 대해서 무한 책임감을 느끼고 그것을
해결하기 위해 전심전력을 다하는 리더이다.

8

사람을 이해하는 힘
포용력

　지력, 체력, 경제력, 기술력 등 모든 면에서 주변 민족보다 열세
인 로마가 지중해 전역을 넘어 대제국을 건설하고 천년 넘게 번성
하고 유지할 수 있었던 비결은 포용력이다. 주위의 여러 민족들
을 대항하기보다 포용하여 그들로부터 지식과 정신을 배운 덕택
이다. 열린 사고와 열린 세계관은 번성하는 자의 품격이다. 시오
노 나나비는 〈로마 이야기〉에서 지력, 체력, 경제력, 기술력 등 모
든 면에서 열세였던 로마 민족의 성공 원인을 다음과 같이 분석
했다.

"외국인을 적대적으로 보지 않고 얼마든지 자신의 울타리 안으로 받아들인 포용력이다."

포용력이란 어떻게 보면 전혀 다른 생각이나 행동을 받아들이는 자세다. 그 속에서 창의력이 생겨나고 그 창의성으로 인해 인류가 발전하였다.

로마는 타민족을 지배한 것이 아니라 타민족까지 로마화한 나라였다. 이로써 식민지 독립이 이루어진 대영제국과는 달리 로마제국이 멸망할 때까지 속국의 독립이나 이반은 끝까지 일어나지 않았다.

로마의 역사를 보면 그들은 패배를 싸움과 전진의 토대로 삼았다. 패배를 하나하나 극복하면서 로마는 더 강해졌다. 로마제국을 상징하는 짧고 굵직한 칼은 건국 초기의 원주민인 사비나족의 무기였고, 또 하나의 강력한 무기인 창은 스페인 반도의 원주민으로부터 배운 것이다, 시각 밀집 대형은 그리스에서 배운 것이다. 로마인은 무기든 전법이든 자신들보다 우월하다 싶으면 적극적으로 받아들여 그것을 활용하면서 오히려 더 강해졌다. 그들은 이 역경에서는 무기를, 저 역경에서는 기술을, 또 다른 역경에서는 지략을 배운 민족이었다.

| 리더가 스타플레이어가 되어서는 안 된다 |

리더는 자신의 역할에 대한 인식이 분명해야 한다. 리더의 자리는 자신이 칭찬받고 인정받는 자리가 아니라 스스로가 구성원을 인정하고 칭찬해 행동하도록 만드는 자리다. 리더가 모든 공을 가로채면, 그 조직은 서서히 금이 가기 시작한다. 그런데 자신에게 속한 구성원을 인정하는 것, 이것은 쉬운 일이 아니다. 기업에서 라이벌 임원을 제거하는 방법으로 시도 때도 없이 사장에게 그 라이벌을 칭찬하면 사장은 얼마 안 가서 그 라이벌 임원을 제거한다는 것이다. 기업이나 어느 조직에서나 스타는 유일하게 한 사람이라는 사실임을 명심해야 한다. 그런데 리더 자신이 스타플레이어가 되려고 하는 순간 여기서부터 비극은 시작된다.

이스라엘 사울왕은 속이 좁은 왕이 아니었다. 그 자신도 꽤 뛰어난 리더였지만 밖에서 들려오는 소리에 마음이 뒤틀렸다. 골리앗을 물리친 양치기 소년 다윗 때문에 평정심을 잃은 것이다. 특히 밖에서 들려오는 "사울이 죽인 자는 천천이요, 다윗은 만만이다."라는 여인들의 노래에 사울왕은 화가 머리끝까지 난 것이다, 그는 이 노랫말에 머리가 돌아 다윗을 죽이려고 혈안이 됐다. 그러나 자신이 먼저 비참한 최후를 맞이했다. 구약 성경에 나온 이야기다.

리더인 사울은 자신 외에 다른 사람이 스타플레이어가 되는 것을 용납하지 못하여 마침내 비극을 맞이한 것이다. 리더가 스타플 레이어가 되려는 순간 자신은 물론 그 조직은 망한다는 사실을 잘 보여주는 대목이다.

9

소명 의식이 있다

모세는 이집트에서 왕자로 살다가 살인 혐의를 받고 도망쳐 광야에서 40년 동안 조용히 살고 있었다. 그는 두 아들과 함께 넉넉한 재산으로 평화로운 삶을 보내고 있었다. 그러나 고국에서 불행을 겪고 있는 동포에 대한 생각이 그의 마음을 떠나지 않았다. 그러던 어느 날 그의 내면에서 들려오는 소리가 있었다.

"내가 너를 파라오에게 보낼 터이니 이스라엘 백성을 이집트에서 이끌어내어 오너라." 하느님의 목소리였다. 그 순간 모세는 소명 의식을 느꼈다.

마침내 모세는 모든 것을 버리고 이스라엘 민족을 구원하기 위해 리더가 되어 조금도 주저함이 없이 이집트로 달려간다. 그리고 이집트의 왕 파라오에게 두려움 없이 과감히 도전장을 내밀어 이스라엘 백성을 구한다. 모세가 조금도 두려움을 느끼지 않고 파라오에게 도전할 수 있었던 것은 소명 의식이 있었기 때문이다. 구약 성경에 나오는 이야기다.

리더는 그 시대가 요구하는 것이 무엇인지 깨닫고, 그것을 해결하기 위해 과감히 도전한다. 그러기 위해서는 그 시대가 요구하는 것에 대한 소명 의식이 있어야 한다. 소명 의식이란 그 시대가 요구하는 문제를 자신만이 해결할 수 있다는 사명감을 말한다.

소명 의식은 주로 종교에서 사용하는 말로, 신이 자신에게 어떤 사명을 주었다는 의지를 말한다. 하느님으로부터 자신이 이 시대를 구원하라는 사명을 받았다는 의식을 한다.

이 시대가 요구하는 리더 역시 신으로부터 혹은 국민으로부터, 시민으로부터 이 사회나 국가가 당면한 문제를 해결하라는 사명을 받았다는 소명 의식이 있어야 진정한 리더가 될 수 있다.

우리는 고달픈 현실에 시달리다가 '무엇을 위해 이렇게 힘들게 일을 해야 하는가?' 하는 생각이 들 때가 있다. 반대로 주위에 만류에도 불구하고 '이 일은 반드시 해야 한다.'는 느낌이 들 때가 있다. 그런 힘든 일에 도전하게 하는 힘, 바로 소명 의식이다. 소명

의식을 가진 사람은 어떤 어려운 일에도 포기하지 않고 도전한다.

소명은 어떤 직업에 국한하지 않는다. 직업은 소명의 한 부분을 이루거나 그 도구로서 활용될 수 있을지 몰라도 우리 인생과 동일시 될 수 없다. 직업은 은퇴가 있지만 소명은 은퇴가 없다.

| 소명과 사명의 차이 |

소명은 사명과 다르다. 사명은 맡겨진 임무, 또는 사신이나 사절단이 받은 명령을 의미한다. 소명은 신의 존재를 믿는 신앙인에게는 신의 부르심이고, 신의 존재를 믿지 않은 사람에게는 깊은 내면의 자아로부터 들려오는 소리인 것이다. 간단히 말하면 소명은 부르심calling이고, 사명은 보내는 것mission이다.

한 젊은이가 대학원에 가서 공부를 더 하느냐 기업에 취직하느냐를 고민하다가 대학원을 포기하고 기업에 면접을 보러 갔다. 그 젊은이는 예상 질문을 달달 외우고 면접실에 들어갔는데, 사장은 의외의 질문을 하였다.

"왜 일을 하려고 하세요?"

그 젊은이는 생각지도 않은 질문에 말문이 막혔다. 뭐라고 대답을 하긴 했는데 생각이 나지 않았다.

"왜 일을 하는가?"는 '왜 사는가?'와 밀접한 관계가 있다.

이 질문은 선인들로부터 많은 사람들이 영원히 답을 찾기 어려운 질문이다. 대부분의 사람들에게 일은 삶과 떼어놓을 수 없기 때문이다.

　견고한 소명이 없는 사람들에게 지속적으로 소명감을 갖게 하는 것은 불가능하다. 그렇기 때문에 리더가 해야 할 일은 적절한 시기에 구성원들로 하여금 소명감을 갖도록 돕는 것이다. 구성원들도 소명감을 느낄 때 두려움을 이겨내고 무슨 일에나 도전하지만, 리더가 두려움을 극복하지 못하고 포기하면 조직원들도 포기하게 된다. 그러므로 이 시대가 요구하는 리더는 조직원들에게 소명감을 갖도록 하는 의무가 있다.

10

자신의 능력에 대한 자신감

해마다 오스카 수상식에서 수상자들은 자신의 성공을 다른 사람들의 덕으로 돌린다. 흔히 이런 배우들은 자신의 꿈을 이루기 위해 계속 노력하도록 믿고, 뒷받침하고, 인도한 사람들에게 감사한다. 많은 사람들은 위대한 스타에게는 그다지 많은 도움이 필요하지 않은데 단지 멋진 수상 소감을 하기 위하여 겸손을 가장한다고 생각한다. 하지만 사실 도움을 주는 사람이 없었다면 성공하지 못했을 것이라는 그들의 지적은 사실이다. 도움이 없었다면 적어도 그렇게는 성공하지 못했을 것이다. 이는 누군가가 스타들에게 그들의 능력에 대한 확고한 믿음과 성공할 것이라는 기대, 즉 자신감이라는 무엇과도 바꿀 수 없는 선물을 주었기 때문이다. 뉴욕 은행 회장인 톰 레니는 이 믿음과 기대가 다른 사람에게 줄 수 있는 가장 소중한 선물이라고 말했다.

이른바 긍정적인 심리에 대한 최근 연구에 따르면 대부분 비관주의와 낙관주의는 후천적인 성향이기 때문에 가르칠 수 있다고 한다. 사람들은 자기 의심 때문에 능력을 발휘하지 못하며, 자신의 능력에 대한 희망과 확신을 통해 활력과 생기를 얻는다.

자신은 인생이 제시하는 선물을 이용하는 유능한 대리인이라는 믿음보다 개인의 행복과 능력 향상에 더 필요한 요소는 없다. 성공한 리더들은 낙관주의자들이며, 대부분의 사람들이 우연이라고 생각할 만한 여러 사건까지도 긍정적인 시각으로 바라보며, 통제할 수 있다고 믿는다.

| 자신감으로 세상을 맞이하다 |

유능한 리더들은 자신의 인생의 우여곡절을 통제할 수는 없지만, 예기치 못한 사건을 의미 있는 경험으로 바꿀 수 있다고 생각한다. 뜻밖의 사건을 기꺼이 받아들여야만 적절히 대처할 수 있다고 확신하고 그것을 기회로 바꿀 수 있다고 믿는다. 그러기 위해서는 자신의 능력에 대한 자신감을 갖춘다. 자신감으로 세상을 맞이하는 리더들은 훨씬 더 모험적이며, 새로운 지식을 받아들이고, 유망한 인재를 발견하고, 흥미로운 사실을 배울 수 있는 개인적인 능력을 갖추고 있다.

자신감과 함께 희망을 가진 리더에게는 또 다른 장점이 있다. 낙관적인 리더는 비관적인 리더에 비해 특정한 상황을 다각도로 파악하고, 융통성 있게 생각하고, 미래를 예측하고, 미리 조치를 취하고, 문제를 기민하게 해결하는 능력이 뛰어난 것으로 나타났다. 하지만 이런 장점을 갖추었다고 해도 노력한 결과를 얻을 것이라고 믿지 않는 리더는 역경을 극복하기 위해 고군분투 하지 않을 것이다. 따라서 자신감을 갖춘 리더는 자신이 전문적이며, 사회적으로 유능하며, 노력한 결과를 얻을 것이라고 믿는다.

훌륭한 리더는 '할 수 있다.'는 강한 신념을 유지하기 위해 노력한다. 이 목표를 성취하려면, 구성원들의 사기를 저하시키지 않으면서 성과에 대한 정확한 피드백을 제공할 수 있는 특별한 리더십 기술을 갖추어야 한다.

PART

2

이 시대가 요구하는
리더십

part 2

이 시대가 요구하는 리더십

1

기억에 남을
감동의 리더십

리더는 조직의 구성원들이 피로를 느끼지 않게 해야 한다. 사람이나 공동체나 조직들은 쉽게 피로를 느낀다. 그리고 피로를 느낀 유기체는 수동적으로 변하게 되고 시킨 일만 하게 된다. 그러므로 리더는 조직의 피로감을 느끼게 하는 행동을 삼가해야 한다.

리더는 당면한 문제를 처리해야 할 실무자들에게 자발적인 헌신을 이끌어낸다. 조직이 피로감을 줄이면서 자신의 마음을 공유하게 하여 모두가 자발적으로 문제 해결에 뛰어들게 해야 한다.

그러면 리더가 어떻게 해야 조직을 피로감없이 자발적으로 일하게 할 수 있을까? 한 마디로 구성원들에게 감동을 주는 것이다. 리더가 갖고 있는 진정성을 통해 감동을 주면 조직이 자발적으로 움직인다.

〈하버드 비즈니스 리뷰〉가 뽑은 이 시대의 가장 영향력 있는 CEO 필립 코틀러는 지금 우리가 사는 시대는 '마케팅 3.0의 시대'라고 정의했다. 지금은 사람의 영혼에 호소하는 시대라는 것이다. 그는 딱딱한 정보에 의한 마케팅 1.0, 순간의 감정에 호소하는 마케팅 2.0을 넘어 사람의 영혼에 호소하는 마케팅 3.0 시대이므로 순간의 감정에 호소하는 얄팍한 방법으로는 사람들을 자발적으로, 지속적으로 움직이게 할 수 없다는 것이다. 진정성을 통하여 전해지는 감동만이 사람들을 자발적으로 움직이게 할 수 있다는 것이다.

리더가 책상에 앉아서 명령만 내리면 일사분란하게 움직이는 시대는 지났다. 그런 시대는 이미 예전에 지나갔다. 과거는 그랬을지 모르지만 현재는 아니고 앞으로는 더더욱 아니다. 지금은 자발적으로 추종하게 하는 시대이다. 명령이 아닌 감동으로 사람들을 움직이게 하는 시대이다. 감동 없이는 자발적인 참여와 헌신을 기대할 수 없다. 감동의 유무에 따라서 리더의 말이 잔소리가 될 수도 있고, 동기부여가 될 수도 있다.

| 함께 일을 나눌 수 있는 리더 |

리더는 구성원 누구나가 일을 잘하면, 그에게 많은 일을 할 수 있게 하는 사람이다. 많은 일을 하도록 하기 위해서는 리더가 생각한 그 일에 자발적으로 뛰어들게 해야 한다. 최고의 리더는 감동을 통해 자발적 추종자를 만들고, 그들을 각자의 영역에서 리더가 되어 그 일을 해내도록 돕는 리더, 즉 리더의 리더가 되는 사람이다.

1994년 미국 일간지 〈USA투데이〉 전면에 감동적인 광고가 실렸다. 저가 항공회사 사우스 웨스트 항공사에 근무하는 전직원 1만6천 명이 CEO인 허브 켈러허에 보내는 편지였다. 그 광고는 이렇게 시작했다.

"감사합니다. 허브. 우리 모두의 이름을 기억해줘서, 추수감사절에 고객의 수하물을 함께 날라줘서, 우리들의 이야기를 잘 들어줘서, 그리고 우리들의 친구가 되어 줘서 고맙습니다."

사우스웨스트 항공사의 직원들은 자신들이 이 항공사에 근무하게 된 것에 큰 자부심을 갖고 있었다. 연봉이 높거나 근무환경이 좋아서가 아니다. 그들이 받는 봉급은 다른 항공사의 3분의 2에 불과했다. 직원 1명당 수송하는 승객 수는 다른 경쟁사에 비해 2배나 많았다. 하지만 항공운송 분야에서 5년 연속 최우수 기업에 선정될 만큼 만족도가 높았다. 받는 보수에 비해 업무량은 많았지만 매년 〈포춘〉지가 선정하는 일하고 싶은 직장 10위권에 빠짐없이 들어갔다.

이 모든 성과는 최고 경영자 허브 켈러허가 있었기 때문에 가능했다. 켈러허는 항공사에 근무하는 모든 직원들의 이름을 다 외우고 그들의 맡은 업무뿐만 아니라 심지어 개인적으로 축하 받아야 할 기념일까지 외우고 있었다. 그는 책상에만 앉아 있는 것이 아니라 새벽 3시 비행기를 청소하는 청소직원들을 찾아가 도넛을 돌리고 함께 청소를 했고, 말단 직원의 생일잔치를 차려주기도 했다.

그는 특히 아픔을 당한 직원들을 더욱 세심하게 배려했다. 그는 병에 걸린 사람의 직원이나 가족이 숨진 직원들을 더욱 챙겼다. 그러자 켈러 허로 인해 감동을 받은 직원들이 점차 많아졌고, 이런 사실들이 직원들의 입으로 전해지면서 얼마 후에 모든 직원들이 '자신은 회사의 귀중한 존재'라는 것을 인식하게 되었다.

이런 조직이 가능했던 것은 허브 켈러허가 함께 한 직원들에게 감동을 주어 자발적으로 움직이는 조직을 만들었기 때문이다. 감동을 선사하는 것은 그 어떤 것보다 가상 가치 있는 보상이다.

많은 리더들이 보상의 종류로 돈을 택한다. 물론 돈을 주는 것도 보상의 방법이 되기도 하지만 돈으로 보상하는 것은 가장 낮은 수준의 방법임을 알아야 한다. 보상은 사람을 움직이게 하는 동기다. 그리고 사람들은 보상의 여운이 남는 만큼 움직이는 데 가장 여운이 짧은 것이 돈이고, 가장 긴 것이 감동이다.

2

사업의 버팀목
원칙을 중요시한다

일본 시즈오카 현에 아자카야 오카무라 로만이라는 상점이 있다. 이 상점은 간판도 없고, 상점 위치가 사람들이 잘 다니지 않는 골목에 있으며, 홍보도 하지 않는다. 장사 조건으로는 빵(0)점인 이 가게가 항상 손님들로 문전성시를 이룬다. 찾는 사람이 많아 가게를 일곱 곳으로 확장했다. 돈을 들여서 홍보를 해도 장사가 안 되어서 아우성을 치는 상점이 많은데 3무無 영업을 해도 손님이 끊이지 않는 이 상점의 비결은 '장사의 기본'을 바로 세운 데에 있다고 오카무라 요사하키 사장은 말한다.

"손님을 끌기 위한 이벤트를 궁리하거나 메뉴와 서비스를 고민하기 전에 고객이 왕이라는 원칙을 세우고 그 원칙에 따라 불편한 일이 있더라도 손님을 위하는 일이라면 기꺼이 어떤 일이라도 즐겁게 하는 태도가 중요하다."

손님이 제일이며, 고객이 최고로 대접받을 만한, 가치 있는 분이며, 모든 것이 고객을 위하는 길이라는 원칙을 세우고 그 원칙에 따라 움직일 때 그 상점은 번영한다는 것이다.

그리하여 모든 상행위는 고객 만족에 중심을 맞추고 있다. 고객의 불편이 있으면 우선적으로 해결하고, 고객들의 불만 사항을 항상 귀담아 듣고 해결하도록 노력하고 있다. 그 다음은 종업원들에 대한 처우문제이다. 종업원 모두의 후생과 복지에 대해서 세심한 주의를 기울이고 있다.

| 인기가 아니라 인망이 매력이다 |

오카무라 사장은 '어떻게 하면 손님이 많이 올 것인가'를 고민하기보다는 '어떻게 하면 장사가 잘 돌아가게 할 것인가'를 고민하라고 말한다. 상점의 매력은 인기에 있는 것이 아니라 상점 주인과 점원들의 인망人望에 있다는 것이다. 인기는 한 순간에 사라지지만 인망은 평생 지속된다고 강조한다. 인망은 당연한 일을 정성을 다해 실행할 때 자연스럽게 생긴다는 것이다.

우리가 살아가는 세상은 빨리 움직이는 것이 능력처럼 보인다. 물론 정확하게 목표를 향해서 빨리 갈 수 있다면 그보다 좋은 일은 없다. 그러나 빨리 가는 것에 집중하다 보면 방향을 잃어버리게 되고 어디로 가는지조차 가늠하지 못하게 된다. 그리하여 한참 달려온 후에 땅을 치며, 후회하게 되고 달려온 만큼 되돌아가는 결과를 맞게 되는 혹독한 대가를 치르게 되는 경우가 많다. 원칙을 지키며 조금 느리더라도 올바른 방향을 세우고 그 방향으로 나아가는 것이 현명하다.

물론 그렇게 사는 것이 항상 인정받는 것은 아니다. 도리어 세대에 뒤떨어진다고 무시당할 수 있다. 하지만 원칙을 지키는 자가 최후의 승자이다. 반칙은 순간적으로 사람들의 환호성을 받을 수 있다. 하지만 반칙은 순간적인 환호 이상의 것은 얻을 수 없다. 열기가 식으면 환호하던 사람들이 비난과 야유를 보낸다. 그러나 원칙은 다르다. 원칙은 처음에는 인정받지 못할 수도 있다. 효율적이지 못하고 답답해 보인다. 하지만 원칙은 정도를 걷기 때문에 느리기는 해도 사람들로부터 인정을 받게 된다. 원칙은 모든 조직을 지탱하는 중요한 버팀목이다. 원칙이 무너지면 질서가 무너지고 조직은 와해된다.

이 시대가 요구하는 리더는 빠르게 인정받는 것에 목말라하지 않는다. 사람들에게 잘 보여야 하겠다는 생각이 강하면 원칙이 중요하게 보이지 않는다. 그런 갈증은 리더에게 원칙보다 반칙을 선택하도록 한다. 하지만 반칙의 생명력은 그렇게 길지 못하다. 따라서 조금 느려도 반칙보다 원칙을 선택한다. 그리하여 마지막에는 원칙을 중요시하는 리더가 인정받게 된다.

원칙을 중요시하는 리더가 될 때 사람들에게 신뢰를 줄 수 있고, 그런 리더 주위에는 충성을 다하는 부하들이 모인다.

사람들이 원칙을 중요시하는 리더를 따르는 이유는 리더가 원하는 것을 그들도 원하기 때문이다. 원칙 중심의 리더십에 근거해 사람들을 대하면 그들은 리더를 존경할 것이고, 리더가 추구하는 가치에 그들의 인생과 열정을 바칠 것이다. 이런 리더는 처음에는 폭발적인 환호를 받지 못하더라도 장기적으로는 가장 강력한 영향력을 발휘한다는 사실을 잊지 않는다. 구성원들에게 가장 강력한 영향력을 발휘하는 리더가 이 시대가 요구하는 리더이다.

3

리더십의 근본 솔직함

리더가 부하들과 진솔한 소통을 하기 위해서는 먼저 자신의 취약성을 인정해야 한다. 자신의 단점이나 부족한 점 등을 솔직하게 인정하고 대화를 시작할 때 소통이 시작된다. 리더가 자신의 취약성을 말하는 것이 소통의 전제 조건이다. 그리하여 성공한 리더의 공통점으로 자신의 취약성을 인정하는 것이라고 말할 수 있다.

그럼 취약성이란 무엇을 말하는 것일까?

하버드대학교 경영대학원 제프트 폴저 교수도 리더가 자신의 취약성을 인정할 때 조직 내에서 리더에 대한 신뢰와 협력이 더욱

강화된다고 강조하면서 취약성에 대해서 이렇게 말했다.

"취약성이란 불확실의 위험에 노출된 상황에서 우리가 경험하는 정서이자 개인의 약점, 실수, 실패 등을 포함한 개념이다."

인간은 누구나 자신의 약점이나 실패 등 취약성이 있으며, 그것을 나타내기를 꺼린다. 자신의 약점을 드러내면 자존심이 상처받고 자신의 위치가 흔들릴 것으로 생각하기 때문이다. 특히 이런 현상은 높은 지위에 있는 리더들이 더욱 심각하다. 그리하여 좀처럼 자신의 약점이나 실수를 인정하지 않으려 하고 더 나아가서 그런 취약성을 지적한 구성원들에게 감정적으로 대하거나 심지어 신상에 해를 주는 경우도 있다. 그러나 훌륭한 리더는 그렇지 않다. 자신의 취약성을 솔직하게 인정하며, 시정할 것을 약속한다.

리더가 자신의 약점을 드러내면 직원들에게 인간적인 친밀감과 신뢰감을 느끼게 해서 조직 내에서 숨겨진 문제점을 털어 놓고 얘기하는 계기를 만들 수 있다. 경영자로서 자신이 운영하는 회사 사정을 제대로 알지 못해 고민하는 리더들이 많다. 그들은 직원들이 솔직하게 보고하기를 바란다. 그러기 위해서는 먼저 리더가 자신의 약한 모습을 드러내는 것이 필요하다.

| 약점을 드러낼 때의 이점 |

리더가 자신의 약점을 드러내는 것은 부하들의 부족한 부분도 포용할 수 있다는 것을 의미한다. 따라서 부하들은 자신의 부족한 점에 대해서 비난하지 않을 것이라는 믿음을 갖게 된다. 또한 질책을 받을지 두려워하던 잘못된 관행이나 숨겨져 있던 문제들을 이야기할 수 있는 풍토와 문화가 형성된다.

물론 리더가 자신의 약점을 말하면서 감정적인 태도를 보여서는 안 된다. 가장 좋은 방법은 자신의 약점을 말한 뒤 직원들에게 질문을 하는 것이다. 예를 들어서 회사가 현재 새로운 변화를 시도해야 할 상황이라면, 그 상황을 솔직히 말한 다음 "내가 어떻게 하면 좋겠습니까?" 하고 묻는다면 대화가 시작될 것이다.

리더가 모든 문제를 해결할 수 있는 시대는 지났다. 따라서 불확실한 시대를 직원들과 함께 헤쳐 나가기를 원한다면 리더가 먼저 변하여 자신이 처한 난관을 인정하고 직원들과 허심탄회하게 소통해야 한다.

미국의 캘리포니아 나파벨리의 와인 산업을 세계적으로 끌어올린 리더인 로버트 몬다비는 최고 리더의 능력에 대해서 다음과 같이 말한다.

"최고의 리더는 지배하지 않는다. 그들은 영감을 불러일으킨다. 내가 생각하는 것이 옳고, 내가 전달하는 방식만이 최고라는 생각에서 벗어날 때 비로소 리더십은 발휘된다. 내 생각의 패러다임에서 벗어날 수 있어야 성공한 리더가 된다."

조직원을 지배하지 않으며, 영감을 불러일으키는 리더가 진정한 리더, 이 시대가 요구하는 훌륭한 리더이다.

4

강한 동기부여로 활용되는 복수심

'눈에는 눈, 이에는 이' 같은 복수는 인류가 태어난 이후 많은 피해자들이 가해자들을 상대로 사용되어 온 처세의 방법의 하나였다. 그리하여 많은 피해자들이 그로 인해 피를 흘리며 고통을 당하거나 죽음으로 내몰리기도 했다. 인류의 역사는 어쩌면 피해자가 가해자가 되는 악순환이 전개되는 역사이기도 하다.

복수는 인간의 생물 사회적 기질이며, 슬픔이나 분노 등으로 촉발되는 원초적 본능이다.

영국의 베스대학교 경영학 교수인 스티브 파인먼의 말이다. 사람은 누구나 개인의 안위가 위협받거나 명예와 자존심이 상처를 입을 때 복수심이 생긴다. 이 때 무너진 정의도 바로세울 수 있다고 생각한다. 따라서 때로는 복수심도 필요하고 긍정적인 역할도 한다. 자신을 모욕하고 무례한 행동을 한 자에 대해서 복수심은 그 자체만으로도 위로의 효과가 있다. 복수심을 품지 않고 살기에는 이 세상에 불합리하고 모순된 일이 많이 일어나는 것이 현실이다.

가해자가 진심으로 반성하고 사과하지 않는 상태에서 무조건 용서는 오히려 부정적으로 작용한다. 정신분석학자 앨리스 밀러는 "억지 용서는 피해자로 하여금 진실을 멀리 하게 한다."라고 말하면서 복수의 정당성을 강조했다. 그렇지만 '눈에는 눈'이라는 당한 만큼 갚는다는 '동해복수'가 정당화된 논리는 이미 역사 속으로 사라졌다.

이제 우리는 복수심의 순기능과 긍정적인 역할을 모색할 필요가 있다. 피해자가 가해자에 대한 복수심을 품고 피해사를 공격하여 쾌감을 느끼고, 다시 피해를 입은 사람이 복수하는 역기능이 아니라 복수심을 성공을 위한 경쟁이나 사업에 활용하자는 것이다. 복수심을 사업에 적용하여 성공한 대표적인 기업인으로 애플의 스티브 잡스를 들 수 있다.

| 복수심으로 회사를 되찾다 |

승승장구하던 애플이 1983년 리사가 실패하였고, 1985년 MS 의 윈도우 1.0과 MS-DOS의 위협과 매킨터시 판매 부진으로 창 업자인 스티브 잡스는 자기가 설립한 회사에서 퇴출당하는 수모 를 겪었다. 그것도 잡스가 영입한 존 스쿠리에 의해 쫓겨난 것이 다. 잡스는 멀지 않아서 복직될 것으로 믿고 있었으나 마음은 비 운 상태였다. 2005년 스탠포드 대학 졸업식에서 잡스는 이 당시 의 심정을 이렇게 말했다.

"당시에는 몰랐지만 애플에서 해고된 것은 내 인생의 최고의 일 이었다. 그 후 나는 성공에 대한 중압감에서 벗어나 초심자의 가 벼운 마음으로 돌아갈 수 있었다.그리고 모든 것이 불확실하지 만, 나는 내 인생에서 가장 창조적인 시기로 들어서게 된 것이다."

애플은 추방을 자신을 위한 절호의 기회로 바라본 것이다.1996 년 잡스는 다시 애플로 복귀하였으나 자신을 추방시킨 사람들에 게 절대로 보복의 칼을 휘두르지 않았다. 추방기간을 창조를 위한 절호의 기간으로 생각하고 연구에 더욱 매진한 것이다.

그 밖에도 크라이슬러를 회생시킨 리 아이아코카, 미국 철도업 과 해운업을 일으킨 코넬리우스 등을 꼽을 수 있다. 이들이 기업을 통해서 부를 일군 과정에서 복수심을 **빼놓고는** 달리 말할 수 없을 것이다. 자신의 아이디어를 조롱하고 쫓아내었던 이들에게 치열하게 보복하고 말겠다는 복수심에 불타 마침내 뜻을 이루어 통쾌하게 복수하였다.

복수심에는 양날의 칼이다. 이처럼 경쟁이나 사업에 활용하여 성공을 이루는 촉진제와 동기부여의 역할을 하는 긍정적인 면도 있으나 지난날 역사에서 가해자가 이해와 용서 없이 오로지 피해자를 보복하고, 다시 피해자가 보복하는 역기능의 순환을 거듭했다. 이제 우리는 복수심의 순기능을 활용하는 지혜가 필요한 시대를 살고 있다.

5

통합적 사고의
소유자

통합적 사고란 조직에서나 기업에서 어떤 프로젝트를 추진할 때 A라는 의견과, 그 반대되는 B라는 의견이 있을 때 어느 한 의견을 버리는 것이 아니라 그 두 의견을 통합해서 장점이 되고 각기 핵심되는 주제들을 선택하여 추진하는 사고방식을 말한다.

미국의 완구 제조 기업 레고는 브랜드 홍보 영화를 제작하기로 결정하고 간부들이 모여 논의하였다. 감독과 스테프를 선정하여 자체 제작하자는 의견과 헐리우드 영화제작소에 제작을 위임하자는 의견으로 대립하였다. 이 때 레고 기업의 대표인 예르겐 비 크누스토르프는 통합으로 결정하였다. 즉 양쪽 제안의 장점을 결합하기로 한 것이다. 그리하여 할리우드 영화 제작사를 고른 뒤 그들로 하여금 레고 마니아들을 만나서 그들의 의견을 듣도록 하였다. 레고 마니아는 할리우드 영화 제작자에게 레고는 절대 접촉제를 사용하지 않는 레고 만의 가치를 설명했다. 영화제작자들은 그들의 말에서 아이디어를 얻어 영화에 녹여냈다. 결과는 대성공이었고, 2014년 개봉한 영화 〈레고〉는 대박을 쳤다.

영화 〈레고〉가 성공을 거둔 후 마지막 영화장면에 몸매에 덥수룩한 수염을 기르고 안경을 쓴 크누스토르프는 출연하여 이렇게 말했다.

"아시다시피 레고 CEO로 스카우트 되기 전에는 매킨지의 젊은 컨설턴트에 불과했습니다."

그는 레고 최초의 아웃사이더 CEO로 레고 80년 인지에 주목해야 한다는 뜻이다. 즉 자기 생각을 버리고, 통합적 사고를 하기 위해서는 태도와 결과와의 인과관계를 분명히 파악해야 한다고 말한 것이다.

리더십 연구로 유명한 캐나다 토론토 대학교 로저 마틴 교수는 리더의 통합적 사고를 강조하면서 다음과 같이 말했다.

"리더들은 항상 선택의 순간에 놓여 있다. 150mm형 아파트를 건설할 것인가, 99mm형의 아파트를 건설할 것인가 등이다. 대부분의 리더 들은 이런 상황에 놓이면 무엇을 취하고 무엇을 버릴 것인가에 대해서 고민한다."

세상에 대한 올바른 태도란 하나밖에 없는 것은 아니다. 또한 단 하나의 성공적인 삶의 방식이란 존재하지 않는다. 통합적 사고를 통해 성공을 추구하는 리더는 통합적 사고를 하나의 과정이자 삶의 방식으로 이해한다. 그들은 통합적 사고를 중심으로 자신의 경험을 통합함으로써 결단을 위한 생산적인 태도를 갖는다. 즉 새로운 방식으로 문제를 해결하고 기존에 없었던 최고의 선택을 만들어낸다.

| 문제의 핵심을 찾는 가장 좋은 방법 |

통합적 사고는 해결해야 할 문제의 핵심을 찾아내는 것이다. 그런데 리더 들은 통합적 사고를 하기 위해서 고려할 점이 있다. 경력과 인맥이 자신과 비슷하거나 유사한 사람들의 조언에 귀를 기울여서는 안 된다는 점이다. 사람들은 각기 다른 세계관을 가지고 있으며, 다양한 관점을 가지고 있다는 것을 받아들이고, 편향된 사고를 하지 않도록 주의해야 한다. 세상은 항상 개선의 변화의 기회가 가득하며, 어떤 문제라도 더 나은 답이 존재할 수 있다는 열려 있는 생각이 필요하다. 리더는 무엇이 정답인지를 선택하는 것이 의무가 아니고, 더 나은 해답을 만들어 내는 것이기 때문이다.

통합적 사고 과정에서 믿음을 맹목적으로 받아들이기보다는 믿음을 떠받치는 가정에 질문을 던지고 결함을 인식하게 된다. 세상의 모든 모범이 하나의 설명에 불과하다는 사실을 받아들일 때, 그리고 불완전하다는 사실을 인정할 때 통합적 사고가 가능해진다.

경영의 달인으로 GE 회장을 역임한 잭 웰치는 "동의와 찬성만 하는 임원들 옆에 앉아 있는 것조차 싫다."고 말하였다. 그것은 시간을 낭비하는 행위라고 지적했다. 피터 드리커 역시 올바른 결정의 기반이 되는 것은 폭넓은 이해이며, 그것은 여러 의견의 충돌 과정에서, 그리고 서로 모순된 대안에 대한 진지한 생각에서 나온다고 말했다.

훌륭한 리더들은 반대 의견을 포함해 여러 의견을 종합하여 어느 한 의견이나 아이디어만을 채용하는 것이 아니라 그 중에서 장점을 선택하여 통합하는 지혜를 발휘한다.

6

신뢰를 축으로 한
대담한 리더십

CEO의 리더십은 아무리 강조해도 지나치지 않는다. 잘 나가던 회사가 위기에 직면하여 극복하지 못하고 나락의 길을 걷는 기업이 있는가 하면 당당히 재기하는 회사가 있다. 일본의 노키기와 도시바, 미국의 제너럴 모터스는 한 때 세계 최고 기업이었으나 위기를 맞아 제대로 대응하지 못하고 한동안 몰락의 길을 걸었다. 휴스턴 대학교 브레네 브라운 교수는 그 주된 원인으로 '잘못된 리더십'을 꼽았다. 새로운 기업문화를 추구해야 하는 밀레니엄 시대에 강력한 통제와 보상으로 생산성을 높이려 했던 마카벨리즘 리더십은 더 이상 통하지 않는다는 것이다.

　오늘날 CEO의 역할도 상당히 변하였다. 과거의 최고 경영자는 주로 관리 및 운영에 중점을 두었다. 그래서 현상유지를 중시하고, 안정을 추구하였다. 또 이해관계자 중 특히 주주의 권리를 위해 많은 노력을 해왔다. 그래서 주주 권익을 위해 어떤 대가를 치르더라도 수익을 높이고자 하였다. 이것은 CEO로 하여금 단기적 목적에 치중하도록 하였고, 주주를 제외한 다른 이해관계자들의 권익을 소홀하게 하였다.

　이제는 패러다임의 변화로 CEO는 새로운 역할을 해야 한다. 기존의 경영 방식을 추구하면 단기적으로 안정을 가져올 수 있으나 종국에는 도태의 위기를 가져오므로 자사의 체질을 개선하기 위해 새로움을 추구하고 선진적인 기법을 과감히 받아들이는 자세가 필요하다.

　브라운 교수는 이 시대가 요구하는 리더에게는 대담한 리더십이 요구된다고 깅조한다. 대담한 리더십은 어느 날 하늘에서 떨어진 것이 아니다. 조직에 위기가 조직원은 말할 것도 없고 리더도 두려움을 느낀다. 자신이 내린 결정에 확신을 갖기 힘들고, 불안해서 뿔뿔이 흩어지는 조직원들을 결속시키기도 힘들다. 이때 리더가 대담한 리더십을 발휘해야 한다.

| 대담한 리더십의 4가지 요소 |

브라운 교수는 위기를 극복하는 대담한 리더십의 네 가지 요소로 솔직함과 명확함, 신뢰, 진실성이라고 말한다.

솔직함은 조직의 어려운 점이나 문제점을 조직원들에게 숨김없이 말하는 것이고, 명확함은 말하기 어려운 점과 그 해결책을 두루뭉술하게 말하지 않고 분명하게 소통하는 것을 의미한다. 신뢰는 아무도 감시하지 않더라도 올바른 일을 하고 있다는 믿음을 구성원들에게 주는 확신이다.

이 네 가지 요소 중에서 브라운 교수가 특별히 강조하는 것은 신뢰이다. '신뢰'는 믿는다는 의미다. 누가 나를 믿으면 힘이 생긴다. 이것은 사람의 본성이다. 그러므로 신뢰 없이 직위만 이용한 리더는 오래갈 수 없다. 조직원들은 리더의 직위 때문에 리더를 형식적으로 추종할지 모르나, 리더와 부하 직원 간에 신뢰감이 형성되어 있지 않으면 그러한 추종도 오래가지 못한다. 그러므로 리더는 자기 말 한마디에 신경을 쓰고 확실하게 행동으로 보여줌으로써 조직원들의 신뢰를 획득해야 한다.

리더는 진실성이 있으며, 스스로 모범을 보여야 한다. 진실성은 말과 행동의 일치이다. 말과 행동이 다른 CEO는 조직 내에서 신뢰를 잃고, 권위를 상실하여 기업을 이끌어 나갈 수 없다. 말만 강조하고, 다른 행동을 하는 CEO는 리더로서의 자격이 없다. 인디

언 부족들이 인디오 추장에게 물었다.

"추장님의 특권은 무엇인가요?" 그러자 추장이 대답하였다.

"내 특권은 전쟁이 났을 때 앞장서는 것이다."

이 시대가 요구하는 훌륭한 리더는 이런 추장처럼 위기를 당했을 때 앞장서서 진두지휘하여 위기를 극복하는 리더이다.

7

과감히 포기할 줄 아는 리더

월트 디즈니스는 〈포브스〉지와의 인터뷰에서 이렇게 말했다.

"이기고 지고의 차이는 대부분 그만두지 않는 것에 달려 있다."

리더는 하던 일을 계속 밀고 나가는 것도 중요하지만 가끔은 물러나는 것이 최선이자 가장 좋은 결정일 수도 있다.

비즈니스 역사에서 가장 유명한 '이제는 때려치워' 사례 중 하나는 바로 1958년에 출시된 포드 모터 컴퍼니의 에드셀 모델이다. 포드의 경영진은 에드셀 미래형 자동차로서 십여 년 전의 모델 T형 자동차처럼 미국 시장의 상당 부분을 장악할 것이라고 확신했다. 하지만 미국 대중들은 그렇게 생각하지 않았다. 소비자들은 이 차는 너무 비싸고 못생겼으며 전반적으로 수준 이하라고 혹평했다. 1960년 포드는 이 차를 놓고 고민하기 시작했다. 이미 개발비, 제작비, 마케팅비로 약 2억5천만 달러에서 4억 달러에 이르는 엄청난 돈을 쓰고 난 후였다. 그러나 대안이 없었다. 그저 밑 빠진 독에 물 붓는 형상이었다. 포드는 고민하다가 마침내 결단을 내렸다. 그래서 출근하자마자 경영진을 전부 모아 놓고 이렇게 말했다.

"에드셀은 이제 그만 때려치워!"

한 때 반짝 빛나고 반드시 성공할 것 같은 사업이나 프로젝트에서 등을 돌리는 일은 당연히 어렵다. 특히 그 사업을 계획에서부터 실행하기까지 진두지휘했던 리더로서 더욱 난감한 일이다. 그러나 타조처럼 머리를 땅 속에 묻어버리고 모든 게 괜찮은 척 행동하기로 결정했다가는 더 큰 고통을 겪게 되는 경우가 종종 있다. 잘못된 결단에 혹은 대안을 생각해내지 못하여 저물어 가는 사업에 매달리는 것은 매우 어리석은 일이다. 그러한 사업은 재원뿐만 아니라 리더의 감정적이고 지적인 여력까지 갉아 먹게 된다. 가끔 패배를 인정하고, 경험으로부터 배우며, 다음 도전을 위해 준비하는 것이 훨씬 낫다. 주식 투자의 귀재라 불리는 워린 버핏은 진퇴에 대해서 1997년에 출간된 그의 저서 〈워린 버핏의 주식

서한〉에서 이렇게 말했다.

"고질적으로 물이 새는 보트에 타고 있다는 것을 깨달았다면, 배를 바꿔 타는 데에 에너지를 쏟는 것이 물새는 데에 쓰이는 것보다 더 생산적이다."

혁신적인 진공청소기를 만들겠다는 생각을 결코 포기하지 않은 제임스 다이슨조차 가끔 백기를 들어야 했다. 2017년 그는 완전히 다른 종류의 전기차를 2022년부터 생산하기 시작하겠다는 계획을 발표했고, 400여 명의 엔지니어들은 250억 파운드의 규모의 이 프로젝트를 2015년부터 진행하고 있었다. 그러나 2019년 다이슨은 손을 들었다. 다이슨은 직원들에게 다음과 같은 내용의 이메일을 보냈다.

"우리는 개발 과정 내내 굉장히 열심히 노력했지만, 더 이상 이 프로젝트를 상업적으로 성공시킬 방법을 찾을 수 없습니다."

다이슨은 자신들이 추진하고 있는 프로젝트가 금전적으로 수익을 올릴 가망이 없이 그러한 프로젝트에 계속 자금을 댔다면 그 손해는 눈덩이처럼 커질 것을 알고 과감하게 손을 뗀 것이다.

| 비상구 탈출은 빠를수록 좋다 |

훌륭한 리더는 상황이 제대로 풀리지 않는다면 주저하지 않고 비상탈출구를 열어젖힌다. 그래야만 모든 일이 정리된 뒤 구성원들과 함께 무슨 일이 일어났고, 일어나지 않았는지를 토의하고 함께 다른 사업에 착수한다. 그러는 과정에 그 리더는 그렇게 많은 세월이 흐르지 않았어도 보다 현명하고, 보다 성숙한 리더가 된다.

그런데 많은 리더들이 기존 스타일을 계속 적용하다 어려운 상황에 직면하게 되었을 때 첫 반응은 내 스타일의 문제가 아니라고 부정하는 것이다. 이런 상황에서 리더는 용감하게 자신의 스타일에 상황을 억지로 구겨넣고 결연하게 의지를 표출한다.

"이번이 다시 일으켜 세울 마지막 골든타임이다. 이 시기를 놓치면 우리는 회복하기 힘들다."

절실하고 절실하게 반복적으로 강조하며 배수진을 친다. 하지만 곧 교착상태에 빠지게 되면서 말은 점차 거칠게 된다. 막다른 골목에서 돌아 나올 수 있는 시간이 되었는데도 고집을 부리다 길이 없는 막다른 곳에서 서성거리고 있다가 패배의 쓴잔을 마신다.

훌륭한 리더는 하던 사업이 희망하던 대로 성공을 거둘 가능성이 거의 없다고 결론을 내리면 이제는 정말 비상탈출구로 달려갈 시간임을 깨닫고 미련 없이 물러선다. 무너질 일만 남은 사업을 파산해 버리는 것보다는 실패 후 더 강해진 모습으로 돌아온다.

8

사람을
잃지 않는다

어느 조직에나 부정적인 사고를 하는 사람들이 있다. 이들은 특히 문제가 발생하면 이래서 안 되고 저래서 안 된다고 떠들어댄다. 이들은 부정적인 사고를 가지고 있어서 매사를 부정적으로 보기 때문에 어떤 문제든 해결이 불가능할 것으로 보고 미리 판단한다. 이들의 부정적인 판단에는 나름대로 논리와 정보를 가지고 제시한다. 그리하여 많은 지지자들은 이들 주장에 넘어간다.

그러나 이 시대가 요구하는 리더는 이런 사람들로부터 영향을 받지 않는다. 그들 때문에 실망도 하지 않는다. 그들은 아무런 능력도 없으면서 말만 그럴듯하게 한다. 리더는 그들의 비난이나 조롱에 조금도 흔들리지 않는다. 변화되지 않는 그들 때문에 고민도 하지 않는다. 두 마음을 품고 조직을 무너뜨리려고 하는 그런 사람들의 말에 신경 쓰고 영향을 받는 사람은 리더가 될 수 없다.

리더는 만일 이런 부정적인 사고를 만난 사람들을 만나더라도 그들이 도움이 되지 않을까 하는 기대는 아예 접어버린다. 한 조직 내에서 부정적인 사고를 가지고 비난이나 일삼는 사람들에게 도움이나 청하는 것은 어리석은 사람의 짓이다. 그런 미련을 가졌다가는 곧 실망하게 된다. "그것이 가능할 것 같아?"라고 말하는 사람들에게 귀를 기울이면 리더가 하고자 하는 일이 불가능해진다.

사람은 누구나 상대의 잘못은 잘 본다. 상대의 잘못은 기막히게 잡아낸다. 리더의 자리에 있으면 부하나 아랫사람의 잘못이 더욱더 잘 보인다. 어느 누구도 리더의 자리에 오르면 부하나 상대의 잘못이 눈에 잘 보인다. 그것은 인간의 본능이기도 하다. 그런 눈은 리더로서 갖추어야 할 필요가 있기도 하다. 리더는 상대의 잘못을 보고 지적하는 일에 두려워해서는 안 된다. 마땅히 지적해야만 한다. 상대의 잘못을 지적하기를 두려워해서는 리더가 될 수 없다. 문제는 부하나 구성원들의 잘못을 발견하고 지적한 후부터가 중요하다.

훌륭한 리더는 문제를 제거하는 데 목적을 둔다. 그런데 문제를 제거하는 것이 목적이 아니라 그 문제의 중심에 서 있는 사람을 바꾸는 것이 목적이 되어야 한다. 악한 상황을 한탄하거나 문제를 일으킨 사람들의 이름을 부르면서 원망하는 리더도 있다. 어떤 문제이든지, 또 어떤 얘기치 못한 상황이 발생했을지라도 그 문제는 바로잡고 악화된 상황을 개선하면 된다. 그런데 무엇보다 악한 상황을 야기한 사람을 고치는 것에 집중하는 리더가 있다. 문제를 제거하려고 사람을 잃으면 문제를 향한 접근 자체에 실패한 것이다. 어떤 경우라도 사람이 중심이 되어야 한다.

탁월한 리더는 자기 사람을 잃지 않는다. 나에게 쓸모없는 사람이라 판단될지라도 나의 적으로 만들지 않는다. 탁월한 리더는 한 번 실수로 주위로부터 쓸모없는 사람이라고 손가락질 당하는 사람에게도 기회를 준다. 그런데 스스로 완벽하다고 자칭하는 리더는 그 완벽함을 다른 사람을 판단하는 데 적용하여 사람을 잃고 만다.

초나라 폐왕 항우를 물리치고 한 나라를 세운 유방의 일등 공신 한신은 원래 항우의 부하였다. 그런데 한신이 한 번 실수, 그것도 사사로운 실수를 저지르자 그를 내쳤다. 항우 자신이 너무 완벽하다 보니 자신의 기준에 모자라는 한신을 도저히 용납할 수 없었던 것이다. 갈 곳이 없던 한신은 유방의 수하로 가게 되었고, 유방으로부터 능력을 인정받아 결국에는 과거 주군으로 모시고 있던 항우의 목에 칼을 겨누게 된다. 만약 항우가 한신의 잘못을 용서하고 그를 중용했더라면 중국 역사가 바뀌어 항우가 새로운 역사의 주인공이 되었을지도 모른다.

| 실수를 용서하고 격려한다 |

반면에 세계 젊은이들이 가장 선호하는 직장인 IBM이 오랫동안 세계를 선도하는 기업으로 발돋움할 수 있었던 것은 '사람이 가장 큰 자산'이라는 기업 이념을 실천하였기 때문이다. IBM은 해고가 없는 기업으로 유명하다. 많은 기업들이 실수나 경영의 부진을 이유로 직원을 해고하였으나 IBM은 오히려 직원들의 실수를 용서하고 격려하여 다시 기회를 제공하여 더 큰 성과를 내도록 하였다. 이것이 IBM의 정신으로 이러한 정신은 IBM의 최고 경영자 토마스 왓슨으로부터 시작되었다.

잘못된 결정으로 회사에 1천만 불의 손해를 끼친 임원이 사장의 호출을 받았다. 그는 책임감을 느끼고 토마스 회장에게 회사를 그만두겠다고 말하자 왓슨은 호탕하게 웃으며 이렇게 말했다.

"사람은 누구나 한 번쯤은 실수할 수 있지요."

이 일이 회사 직원 모두에게 알려지면서 직원들에게 새로운 도전을 할 수 있는 풍토가 조성되었으며, IBM은 인적 자산을 가장 중요시하는 기업'이라는 인식이 업계에 각인되었다.

사람은 누구나 실수를 할 수 있다. 실수를 했을지라도 그 다음에 잘하면 된다. 그러나 사람을 잃으면 앞으로 어떤 일도 할 수 없다. 누구나 순간의 잘못된 판단으로, 생각의 부족으로 실수를 할 수 있다. 인간이기 때문이다. 순간의 실패를 했더라도 사람을 잃지 않는 리더가 이 시대에 필요한 리더이다.

PART

3

미래를 위한
리더의 전략

미래를 위한 리더의 전략

1

과거의
성공도 실패도 잊어버린다

리더의 미래를 위한 첫 번째 전략은 과거를 돌아보지도 않으며, 과거에 이루었던 화려한 성공도, 실패한 기록도 잊어버린다는 점이다.

'미래를 보다.'의 반대말은 '과거를 보다.'이다. '과거를 본다.'는 말은 과거에 연민한다는 뜻이다. 조직이나 공동체를 망치는 리더는 늘 과거에 연연한다. 그리하여 미래를 바라보는 감각을 잃어버린다.

과거에 연연한다는 것은 두 가지 의미가 있다. 먼저 자신의 과거에 연연하는 것이다. 과거에 실패했던 기억, 거절 감정, 무능력에 사로잡혀 있는 사람들은 과거를 벗어나지 못한다. 그리하여 지난 과거에 연민하다 보니 미래를 생각하지 못한다. 그런 리더는 조직에 비전을 제시하지 못한다.

두 번째로 과거에 연민하는 것은 자기 주변이나 조직의 과거에 연연하는 것이다. 이런 리더는 자기 조직의 과거, 혹은 자기 조직 사람들의 과거에 연연하다 보니 미래를 지향하는 사고를 하지 못하고 늘 과거에 매달려 망설이거나 복습하기에 급급하다.

오늘날 비즈니스계에서 문제를 풀어가는 방식에서 과거에 연민하는 방법으로 벤치마킹을 들 수 있다. 벤치마킹은 후발주자들의 많은 기업들이 선호하는 방식 중의 하나로, 후발주자들에게는 마치 지름길처럼 여겨진다. 선두주자들이 걸었던 길을 돌아보면서 시행착오로 인해서 생긴 비용과 시간을 줄일 수 있기 때문이다.

그러나 벤치마킹은 다른 사람들의 뒤꽁무니만 따라가면서 시장을 만들어가던 과거 시절에나 유효했지만, 현재는 아니다. 따라서 미래를 지향하는 기업이나 리더들이 버려야 할 것 중의 하나이다.

| 주변 사람들의 과거를 연연하지 말라 |

주변 사람들의 과거에 연연하면 인재를 발견하지 못한다. 인재를 발견하지 못하면 리더는 꿈을 이룰 수 없다. 리더는 영웅호걸

이 아니다. 적재적소에 인재를 배출하고 그들을 격려하여 사명을 다하는 것이다. 그런 점에 대하여 메리어트 인터내셔널의 CEO 빌 쇼우는 이렇게 말했다.

"리더는 미시적 관점에서 세상을 바라봐서는 안 된다. 자신이 해야 완벽하다고 생각하는 리더는 자신의 일은 완벽하게 해낼지 모르지만 큰 틀을 짜지 못하기 때문에 능력 있는 리더라고 할 수 없다. 리더는 자기가 해결해야 할 문제보다 그 문제를 해결할 사람에 초점을 맞춘다."

과거는 과거일 뿐이다. 과거는 끝났다. 과거는 지금 바꿀 수 없다. 하지만 과거에 대한 기억과 의미, 그리고 미래에 영향을 주는 방식은 바꿀 수 있다.

과거가 미래를 결정하지 못한다. 또 부하 직원이 그렇게 하도록 용납해서도 안 된다.

리더가 만나는 사람들의 과거에 연연하여 미래를 보지 못한다면 그 리더는 어느 누구와도 자기 일을 나눌 수 없다. 그리고 그런 리더는 불행하다. 과거를 넘어 미래를 향해 나아가는 사람이 이 시대가 요구하는 리더이다.

사자에 쫓기던 영양이 죽을힘을 다해 도망치다가 이제 안심해도 된다며 잠시 쉬어 뒤를 돌아다보는 순간 먹잇감이 되고 말았다.

삶이란 가혹하고 냉정하다. 기업은 더하다. 세상은 늘 새로운 것이 일어나 낡은 것을 대신하는 방식으로 지금도 돌아가고 있으며, 미래에도 그럴 것이다. 리더는 긴장의 끈을 놓아서는 안 된다. 지금이 진짜 위기의 시작일지도 모른다. 구성원들에게 위기의식을 불어넣기 위해서는 리더의 촉각이 필요하다. 다양한 이슈에 대한 뉘앙스를 알아내고 핵심을 파악하는 능력이 중요해진 것이다. 그리고 이러한 능력 외에 세상이 돌아가는 상황을 제대로 파악할 줄 아는 부하가 필요하다. 과거에 연민하는 부하가 아닌 미래를 예견하고 준비하는 부하가 필요한 것이다.

2

환경의 변화를 읽는다

　지금 이 순간에도 많은 기업이 흥망성쇠를 거듭하고 있다. 그 이유는 바로 환경을 바로 보지 못하기 때문이다. 환경을 제대로 읽지 못하면, 그 앞에 기다리고 있는 것은 도태뿐이다. 그러므로 리더와 그 조직이 살아남기 위해서는 환경의 변화를 제대로 읽고 민첩하게 대응해야 한다.

　우리 앞에 놓여 있는 환경은 가쁜 숨을 몰아쉬며 오르는 울퉁불퉁한 오르막길이다. 지금까지의 성취도 가파른 오르막에서 힘든 세월을 온몸으로 견디면서 올라온 결과이다.

이제 잠시만 손을 놓으면 그 동안의 성취는 내리막길로 데굴데굴 굴러 내려간다. 전진은 어렵고 후퇴는 아주 쉽다. 우리는 어려운 일이 닥쳐 잠시는 주춤하더라도 곧바로 올라가야 한다. 도저히 올라가기 어려운 오르막길을 만나 쓰러질 것 같은 상황이라도 멈출 수가 없다. 잠시 쉴 틈이 없다. 이것이 리더의 운명이고, 리더의 길은 이런 과정의 연속이다.

무엇보다도 환경을 제대로 읽지 못하면, 누구도 살아남지 못하는 그런 시대를 우리는 살고 있다. 규모의 대소를 떠나 앞으로 다가오는 시대를 읽어내지 못하면 공룡처럼 생존의 무대 위에서 살아남지 못한다.

전혀 예상치 못한 스마트폰의 출현은 차량용 네비, MP3 플레이어, 카메라 등의 업종을 초토화시켰다. 애당초 기껏해야 간편한 전화기일 뿐이라고 했는데, 그 전화기 업종 전체가 초토화된 곳이 한두 곳이 아니다. 애당초 경쟁자로 생각지 못한 방심과 자만 탓이다. 이제는 아예 충격적인 몰락으로 입을 접어야 했다.

리더는 이제 이 시대를 이끌어가기 위해서는 자신에게 속한 업종뿐만 아니라 잠재적 경쟁자까지 조기에 파악해야 한다. 그들을 이용하거나 다른 대안을 찾는 것은 그 다음 일이다. 외부 환경은 완전히 뒤집히고 있는데 아직도 옛 시절의 감상에 젖어 있다면 그 리더는 가망이 없다.

| 경영 방식도 바꿔야 생존한다 |

철학자 하틀리는 과거에 대해서 이렇게 말했다.

"과거는 낯선 나라다. 그곳에서는 다른 방식으로 일한다."

'과거를 화석화해 보지 말라.'는 이 경고는 과거에 대한 설득력 있는 정의라고 평가받고 있다.

경영사상가인 맥그래스 교수는 이제 CEO도 경영의 방식도 바꾸어야 살아남을 수 있다고 강조하면서 이렇게 말했다.

"과거 경영의 방식은 적과 아군이 명확하고 왕을 잡기만 하면 게임이 끝나는 체스와 같았다. 하지만 지금은 게임 규칙이 간단하지 않다. 오늘날의 게임 방식은 좀더 많은 영역에 진출해서 더 많은 집을 짓는 쪽이 이기는 바둑의 방식과 같다. 이런 게임의 방식에서는 과거의 경쟁 우위 전략으로는 승리할 수 없다. 시대와 사회의 변화에 따라 경쟁 우위를 바꿔가면서 한 영역에서 다른 영역으로 자연스럽게 리듬을 타며 옮겨 가야 한다. 그런 기업만이 오늘날 게임에서 승자가 될 수 있다."

오늘날 과거의 방식으로는 어떤 업종의 기업이나 조직도 생존 자체가 불가능하다는 말이다. 변화된 환경에 부응하는 새로운 방식이 요구된다는 뜻이다.

변화된 환경을 파악했으면 리더가 다음으로 할 일은 오직 한 가지 재주만 가진 망아지가 아니라 경영의 카멜레온임을 보여주면서, 환경에 맞춰 변화하고 사업의 구성 요소가 바뀌고 달라지는 것에 따라 적응할 수 있어야 한다. 환경이 바뀌기 시작할 때 리더가 손을 놓고 있는 것은 실패로 가는 지름길이다. 성공한 리더는 환경이 바뀌기 시작할 때 재빨리 적응하기 위해 새로운 길을 모색하여 위기를 벗어난다.

미국의 대기업 듀폰은 폭약 제조업으로 남북 전쟁 당시 북군의 폭약 60%를 제공하였다. 평화시대가 되자 듀폰은 재빨리 새로운 사업에 진출했다. 합성고무, 의료기기, 농산물 등을 제조하여 시장을 주도하는 기업이 되었고, 2017년 최근에는 또 다시 변화하여 다우 케미컬과 천억 달러 이상의 규모로 합병하여 화학 분야의 새로운 위기에 잘 대처하고 있다.

이 시대가 요구하는 리더는 환경의 변화를 재빨리 읽고, 신속하게 대처하여 위기를 기회로 만드는 리더이다.

3

스피드 시대에 부응한
민첩한 실행력

IT화가 규모의 경제에서 스피드의 경제로 전환시켰다. 규모가 큰 대기업이 작은 기업을 이기는 게 아니라 빠른 기업이 느린 기업을 이기는, 생존의 법칙이 비즈니스계를 지배하고 있다. 오늘날 많은 기업들이 급변하는 시대에 적응하고자 몸부림치고 있지만 대부분의 경우 발전은커녕 자원만 낭비하고 있는 현실이 되고 있다. 급변하는 시대에 부응할 수 있는 방법을 찾지 못하기 때문이다. 그렇다고 예전으로 되돌아갈 수 없다. 오늘날에는 3~5년 사이로 대변혁을 꾀해야 명맥을 유지할 수 있다.

신규기업이 혁신을 몰고 오면서 기존 강자를 몰아냈고, 곧 그들도 다른 혁신자 앞에 무릎을 꿇게 되었다. 현대 경영의 경쟁력은 올바른 방향을 향해 빠르게 움직이는 스피드가 좌우한다.

| 실행력의 차이가 리더의 차이를 부른다 |

톱 리더와 3급 리더의 차이는 실행력에서 온다. 톱 리더는 결단했으면 신속하게 실행에 옮기는 반면에 3급 리더는 꾸물거린다. 실행력의 차이가 기업뿐만 아니라 리더의 운명까지도 결정한다. 오늘날의 대기업들은 스피드를 기업의 생명처럼 여긴다.

페이스북은 '빠르게 움직이고 혁신을 꾀하라.'는 신조를 최우선 가치로 여긴다. 페이스북은 완벽을 이유로 늦게 움직이는 것은 죄악시한다. 완벽이란 불가능해서가 아니라 그로 인해 속도가 늦어지는 것을 싫어하기 때문이다. 페이스북은 신입 사원에게 이런 신조를 교육시키기 위한 '신병훈련소'를 운영하고 있다. 매년 선발된 신입사원들은 무소선 이 신병 훈련소에 입소하여 소징의 과정을 수료해야 한다.

IBM의 CEO 로메티는 '신속하게 생각하고, 더 신속하게 움직여라.'고 주문한다. 그는 '고객 24시간 대응'이라는 새로운 규정을 제시했다. 직원들이 갖고 있는 안이한 의식문제와 중간관리들의 결재를 늦게 하는 바람에 계약을 놓쳐 버리는 느린 프로세스에 대해

메스를 가한 것이다. 고객의 요구에 무조건 24시간 내에 즉각적으로 대응하는 것을 의무화한 것이다. 그는 꾸물거리다가는 적정한 의사 결정과 신속한 프로세스 과정에 문제가 발생할 수 있으므로 구성원들이 이를 방관하지 말고 곧바로 의견을 내어 바꾸어야 한다고 말했다.

로메티가 구성원들에게 요구한 내용은 어느 기업이나 똑같다. 신속하게 움직이느냐 움직이지 않느냐의 문제다. 그만큼 신속한 결정은 지위고하를 막론하고 모든 레벨에서 협조해야 한다는 사항이다. 내 일만 중요하게 여기고 옆 부서의 일에 대해서 무관심한다면 그 조직은 기대한 성과를 만들 수 없다. 서로 연합하고 협조하여 하나로 뭉쳐서 움직일 때 소기의 목적을 달성할 수 있다.

신속하게 실행한다는 것은 비범한 노력을 요구하는 고된 작업이다. 리더는 구성원들의 의식을 변화시켜 신속하게 움직이도록 만들어야 한다. 오늘날 '더 좋은 제품을 만드는 것보다 맨 처음에 내놓는 것'이 나은 세상이 되었다. 일등만 대우받고 기억하는 삭막한 세상이다. 그리하여 초등학생부터 기업인에 이르기까지 '일등, 일등'을 외치고 있다. 사람들은 에베레스트에 처음 등정한 인물은 힐러리 경으로 기억하지만 두 번 째로 등정한 사람은 기억하지 못한다. 그것이 선도자의 법칙이다.

그러므로 비즈니스에서도 상품이나 서비스가 고객의 머릿속에 맨 먼저 자리잡고 있어야 한다. 시장은 매우 이기적인 전쟁터이다. 누가 빨리 잠재고객의 마음속에 도달하느냐의 경쟁이다. 지금의 스피드에 만족해서는 안 된다. 이 시대가 요구하는 리더는 구성원으로 하여금 공을 따라가지 말고 공이 올 곳에 미리 가 있도록 한다. 그것만이 일등 할 수 있기 때문이다.

4

위기의식을 심어
열정을 불러온다

　지금의 패자가 내일의 승자가 되는 것이 스포츠계의 세계요, 또한 세상이다. 톱 리더는 승리하였을 때도 구성원에게 자만하지 않도록 위기의식을 불어넣는다. 전설적인 NBA 농구 감독인 존 우든은 "연승하고 싶으면, 연승한 사실조차 잊어버려라. 연패를 멈추고 싶으면 다 잊어버리고 오직 최선의 노력과 치밀한 계획에만 집중하라."고 말하였다. 그는 연승한 방법을 그대로 사용하면 될 텐데, 이 방법조차 잊고 팀이 최대의 능력을 발휘하는 데만 집중했다. 그것이 그가 평생 8할의 승리를 거둔 비결이다.

"자기만족'을 기업 경영에 있어서 최대 적으로 간주한다. 그리고 5초의 승리를 기뻐한 뒤, 무엇을 더 잘할 수 있는지 5시간 반성하라."

델 컴퓨터 CEO 마이클 델이 한 말이다. 그는 그해 최고의 실적을 올린 사원에게 칭찬은 짧게 하는 대신 앞으로 더 나은 판매법을 연구해보라고 독려했다는 일화가 있다.

경기장이 바뀌고 게임의 법칙은 변해 버렸다. 기존의 방식을 고수하던 대기업들이 순식간에 무너지고 새로운 강자들이 부상하고 있다. 지금 무너지고 있는 기업들이 최선을 다하지 않아서가 아니라 환경은 바뀌었는데 옛날 방식을 그대로 고수하기 때문이다.

그러므로 리더는 조직 전체에 위기의식, 헝그리 정신을 불어넣어야 한다. 한 조직이나 공동체가 번영을 누리려면 과거의 영광보다 현재의 고난을 기억하고 계속 깨어 있어야 한다. 한 민족이 집단적으로 위기의식을 느낀 대표적인 민족은 유대 민족이다.

| 젖과 꿀이 흐르는 땅을 만들었다 |

유대인들은 1948년 제2차 대전이 끝나고 꿈에도 그리던 독립을 위해 이스라엘 땅에 도착했을 때 그곳은 젖과 꿀이 흐르는 땅이라고 믿었다. 그러나 그들을 기다리고 있는 것은 사막과 늪이었다.

그리고 더욱 그들을 실망시킨 것은 주변 국가들의 적대감이었다.

유대인들은 그런 현실을 보고 망연자실했으며, 실망감으로 어찌할 바를 몰랐다.

"하느님이 약속한, 젖과 꿀이 흐르는 땅이 이곳이란 말인가? 고작 이런 땅을 위해 모세가 40년 동안 광야를 헤매었단 말인가?"

그들은 수없이 의문을 품고 스스로에게 물었다. 마침내 그들은 깨달았다. 하느님이 준 땅이 바로 이 땅이다. 석유 대신 사막과 모기떼가 날아다니며 사람을 괴롭히는 바로 이 땅, 무한한 잠재력이 있는 이 땅임을 깨달은 것이다.

하느님이 그 메마른 땅을 준 의미를 깨달은 유대인들은 그곳을 젖과 꿀이 흐르는 땅을 만들기 위해 피땀을 흘리며 최선을 다했다. 그 결과 오늘날 이스라엘은 과학, 의학, 경제 등 다양한 분야에서 젖과 꿀이 흐르는 지역으로 변화했다. 이것은 유대민족이 위기의식으로 무장하여 젖과 꿀이 흐르는 땅으로 만들기 위해 최선을 다했기 때문이다.

카를로스 곤 일본 닛산 사장은 중환자실에 누워 있는 닛산을 수술하면서 맨 먼저 내린 조치가 메마른 위기의식에 불을 붙여 분위기를 쇄신하고 낡은 관행을 타파한 것이었다. 리더의 마음가짐이 기업의 운명을 바꿀 수 있다는 점을 보여준 좋은 사례였다. 그는 이렇게 말했다.

"회사가 위기의식을 유지하는 것이 불가능하다면 직원들의 사기는 확실히 둔감해져 수익을 올리는 중요한 기회를 놓치게 된다. 따라서 위기감을 체계적으로 유지하는 일은 경영에서 매우 중요한 일이다."

구성원들에게 위기의식을 불어넣는 것은 일반적으로 리더의 몫이다. 이를 모든 구성원들의 가슴속에 깊게 자리잡도록 하는 것이 리더의 의무이다.

5

간결함으로
승부를 건다

간결함은 시대의 요구일 뿐만 아니라 시대의 흐름이다. 리더도 말은 적게 하고, 보고도 짧게 하는 간부를 좋아한다. 특히 오늘날 인터넷 시대라 네티즌 사이에 긴 글은 내용과 상관없이 혐오한다. 모든 것이 너무 빨리 지나다 보니 길면 관심의 대상조차 되지 않는다. 모두들 바쁘게 지내다 보니 긴 글은 읽을 시간이 없다. 일단 짧아야 한다. 그렇다고 짧기만 해서는 안 된다. 짧으면서도 전달하고자 하는 내용이 다 들어 있어야 하고, 재미도 있어야 한다. 자세한 보고를 올리면 "무슨 말인지 모르니 짧게 해오라."고 한다.

간결함은 상사에 대한 가장 중요한 예의 중의 하나가 되었다.

'간결함'은 애플의 창업자 스티브 잡스의 트레이드마크요, 경영 무기다. 그를 빼놓고는 간결함을 논할 수 없다. 스티브 잡스와 함께 애플 왕국을 만든 켄 시걸은 간결함을 미래의 비즈니스의 본질로 파악했다. 그는 저서 〈미친듯이 심플〉에서 이렇게 말했다.

"잡스가 거둔 최대 업적은 아이폰이나 아이패드가 아니다. 그는 누구도 생각지 못한 것을 성취했는데 바로 '간결함'이다. 잡스에게 간결함은 종교요, 무기였다. 간결함은 강조한다고 해서 그냥 얻어지는 것이 아니다. 간결함을 위해 전부를 걸어야 얻을 수 있다. 따라서 처음부터 최소화가 열쇠다."

잡스는 제품 개발, 디자인 조직 운영에 이르기까지 극도의 간결함을 추구했다. 간결화하기 위해서는 엄청난 노력이 필요하다. 이 복잡한 세상에서 애플을 돋보이게 한 것은 바로 간결함이다. 그만큼 애플은 간결함의 힘을 거의 종교처럼 신봉한다. 간결함을 향한 애플의 사랑은 잡스에서 시작하여 애플 전체의 DNA가 되었다. 리더십, 비전, 상상력 등 이 모든 것을 관통하는 공통된 줄기가 바로 간결함이다.

간절함은 이제 누구나 바라는 것이 되었지만, 많은 사람들이 모방하기가 힘든 것은 다음의 몇 가지 이유에서이다.

| 간결함을 모방하지 못하는 이유 4가지 |

첫째, 적당한 것에 안주해서는 간결함을 이룰 수 없다.

많은 리더들이 무슨 일을 할 때 적당히 하고, 문제가 생겨도 적당한 선에서 해결되기를 바란다. 이런 사고방식에서는 간결함을 이룰 수 없다.

둘째, 차선에 머무는 일은 없어야 한다.

본질을 깨닫지 못하면 간결함을 유지할 수 없다. 많은 리더들은 최선을 다하기보다 차선을 선택한다. 그것은 차선이 쉬운 방법이기 때문이다.

셋째, 프로세스는 간결해야 하고, 판단은 냉혹해야 한다.

간결화하기 위해서는 리더가 복잡함의 유혹을 떨쳐내려는 강한 의지가 있어야 하며, 간결함을 습관화해야 한다.

세계적인 물리학자 아인슈타인이 수학한 대학으로 유명한 스위스 취리 연방공대는 지금까지 20명의 노벨상 수상자를 배출한 명문대학으로, 지난해 혁신과 창업 연구소를 열어 24개의 기업을 설립하고 103개의 국제특허를 등록하는 탁월한 성과를 거두었다.

이 대학의 랄프 아이흘러 총장은 "어떤 방식으로 창업 아이디어를 심사하는가요?"라는 기자들 질문에 이렇게 대답했다.

"학생들에게 자신이 고안한 창업 아이템에 대해 교수와 다른 학생들 앞에서 3분 요약해서 말하도록 한다. 3분 스피치를 제대로 통과하지 못하면 새로운 아이디어를 가져오라고 한다."

겨우 3분이다. 3분에 아이디어를 설명하여 심사위원인 교수와 많은 학생들의 동의를 얻어내야 한다. 3분이 쉬운 것 같지만 엄청난 고민을 해야 하고 시간이 많이 걸리는 일이다. 무엇보다도 객관적으로 인식하고 있어야 하고, 고객을 진정으로 이해하고 새로운 비전을 제시할 수 있어야 한다.

간결함이란 '전부냐 제로냐'의 문제다. 일부만 얻기 위해 애써봐야 노력만 허비하는 꼴이다. '심플해지려면 생각을 비우고 노력해야 하지만 결국 그럴 만한 가치가 있다. 그러기에 이 시대가 요구하는 리더는 간결함에 승부를 건다.

6

멀리 바라보고
계획을 세운다

한 나무꾼이 나무를 베고 있는데 지나가던 행인이 물었다.

"나무를 찍어 넘겨야 하는데 딱 5분이 있다면 어떻게 하시겠습니까?"

그러자 그 나무꾼은 이렇게 말했다.

"처음 2분30초 동안 내 도끼날을 갈겠소."

이 일화는 에이브러햄 링컨의 일화로 알려져 있는 이야기로 무슨 일을 하든지 준비와 계획이 그만큼 중요하다는 뜻이다.

무슨 사업을 해도 계획을 세워 놓고 그 계획대로 실행하면, 그 사업의 비전은 무엇이고, 그 비전은 무엇을 위한 것인지 명확히 규정할 수 있다. 그뿐만 아니라 사업을 운영하면서 따라올 가치를 확립할 수 있다. 그리하여 많은 리더들이 치밀하게 계획을 세워서 그 계획대로 움직인다.

그런데 급변하는 환경 속에서 융통성 없이 그 계획대로만 움직여서는 안 되므로 성공한 리더는 계획을 짤 때 멀리 보고 작성한다.

| 장기적인 안목을 갖게 하는 시계 |

2018년 시가 총액 780억 달러(약 80조 원)를 돌파하여 마이크로소프트를 제치고 미국의 두 번째 큰 기업으로 타이틀을 거머쥔 아마존의 CEO 제프 베조스는 자기 소유의 땅과 4,200만 달러를 기증하여 미국 텍사스 주 오지에 매시 정각을 알리는 뻐꾸기시계를 세웠다. 이 시계는 다른 시계와 달리 1년 간격으로 초침이 움직이고, 분침은 100년에 한 번 움직이며, 1,000년에 한 번 등장한다.

이 뻐꾸기시계는 장식용이 아니라 장기적인 사고의 힘을 강조하는 조형물이다. 이 시계를 설계한 제프 베조스는 사람들이 이 시계를 보고 시간에 대한 생각을 바꾸고 후손들이 지금보다 더 좋은 세상을 만들기 위해 장기적인 안목을 갖도록 일깨워주겠다는 생각에서 만든 것이다.

베조스는 무슨 일을 해도 장기적인 안목으로 하라고 하였다. 계획을 세워도 멀리 보고 짜라는 것이다. 베조스가 아마존을 세워서 성공시킨 것은 마음속에 회사의 미래에 대한 중요한 비전을 품지도 않고 급히 결정되어서 이루어진 성공이 아니다. 베조스는 새로운 정보를 얻고, 예상치 못한 상황을 맞닥뜨렸을 때조차 융통성없이 최초의 계획을 고수하는 것은 아예 계획이 없는 것만큼이나 해롭다고 말하였다. 그는 치밀하게 계획을 작성하되 융통성 있게 계획을 수립하라는 것이다.

베조스는 2015년 계획에 대해서 〈포린 어페어스지〉에 이렇게 기고하였다.

"책상 앞에 앉아 사업 계획에 대해 쓰고선 수십억 달러 매출을 올리는 회사를 만들겠다고 확언할 수 없다. 그런 건 비현실적이다. 훌륭한 기업가는 매우 합당한 규모로 실행할 수 있는 사업 아이디어를 떠올리고, 그 후에 무슨 일이 벌어지는 지에 따라 그 아이디어를 바탕으로 조정해 가며 사업을 추진해 나가야 한다."

리더는 자신의 사업 계획을 미래가 어떻게 풀려나갈 것인지에 대한, 절대 깨뜨릴 수 없는 선언으로 간주해서는 안 된다. 대신 사업 계획은 미래에 어떤 일이 벌어지든지 자기 자신과 회사가 준비할 수 있는 방식으로 쓴다.

훌륭한 리더는 그 어떤 사업 계획도 성공으로 향한 거침없는 질주를 보장하지 않는다는 점을 잘 알고 있다. 사업 계획은 다만 제 발에 걸려 넘어지지 않도록 막아준다는 점도 알고 있다. H.K.위리업스 목사는 〈성서적 세계〉에서 이렇게 말하면서 계획의 중요성에 대해서 강조했다.

"기억하라, 준비하는 것에 실패한다면, 실패할 준비를 하는 셈이다."

제프 베조스는 CEO로 재직하는 22년 동안 미래를 바라보고 단기적인 결과에 희비하지 않았다. 그는 항상 멀리 내다보고 사업을 하면서, 아마존의 주식의 등락과 관계없이 매년 주주들에게 편지를 보내어 희망을 심어줬다. 서한에는 성공과 실패에 대한 분석은 물론 앞으로의 비전과 전망을 간결하게 적는다. 위험한 투자 과정과 결과도 빠짐없이 적는다. 이런 내용의 밑바탕에는 제프 베조스가 강조하는 장기적인 관점이 깔려 있나. 2008년 닷컴의 가치가 떨어져 주식 가치가 80%나 폭락하는 상황에서도 아마존의 성장세를 보고하고, 어떤 상황에서도 장기적인 관점에서 생각하고 선택하고 성장하는 것에 집중해야 한다고 강조하였다.

베조스는 아마존을 창립할 때부터 장기적으로 생각하고 계획을 세운 다음 사업하겠다는 뜻을 밝혔다.

2015년 주주에게 다음과 같은 내용의 편지를 써서 보냈다.

"아마존의 장점은 실패를 강조한다는 점입니다. 아마존은 실패하기 가장 좋은 장소일 것입니다. 실패와 발명은 떼어 놓을 수 없는 쌍둥이입니다. 발명을 위해서는 실험을 해야 하고, 실패를 두려워한다면 실험을 할 수 없을 것입니다. 발명을 위해서는 실험을 해야 하고, 실험을 하려면 실패도 각오해야 되며, 성공을 미리 알고 있다면 그건 실험이 아닙니다."

7

실행력을 높이다

많은 사람들이 꿈을 이루지 못하는 것은 행동하지 않기 때문이다. 원대한 목표를 세우고 치밀하게 계획도 세웠지만 행동하지 않으면 아무런 소용이 없다. 행동으로 옮길 때 꿈이 현실로 이루어진다. 하버드 대학교에서 행동력 프로젝트를 강의하는 일본의 경영관리 컨설팅 전문가 가오위안은 페이스북 창업자 마크 주커버크 등을 위시해서 많은 성공자들을 만나보고 그들의 성공 비결을 한마디로 완벽주의에 빠지지 않기 때문이라고 하면서 이렇게 말했다.

"성공자들은 완벽한 결과를 추구하지 않는다. 원대한 이상을 가지고 있지만, 그 원대한 꿈을 실현하기 위해 계획을 쪼개어 단계별로 나누고, 단계마다 작은 목표를 만들었다. 40점짜리 환경만 만들어줘도 계획을 실행했다."

현대 사회는 오늘은 옳다고 생각한 것이, 내일은 틀리는 경우가 빈번해질 만큼 빠른 속도로 변화하고 있다. 이런 상황에서 예측 불가능한 변수가 계속 튀어나오기 때문에 어차피 완벽한 계획이란 존재할 수 없다. 따라서 목표가 생기면 바로 실행에 옮기면서 그때그때 계획을 수정하여 부분적 완벽을 도모하는 것이 가장 현명한 방법이다.

가오위안은 계획을 실행에 옮길 때 다음과 같은 3단계 과정을 거칠 필요가 있다고 강조하였다.

| 계획을 실행에 옮기는 3단계 |

제1단계는 계획을 세우는 것이 아니라 바로 시작하는 단계이다.

즉 완벽한 계획을 세운 다음 실행하는 것이 아니라 먼저 시작한 다음 실행하면서 부족한 부분은 보완하고 잘못된 것은 수정해가면서 마감일까지 매일 실천해 나가야 목표를 달성할 수 있다는 것이다.

제2단계는 행동력을 높일 수 있는, 집중이 잘 되는 골든타임을 찾아서 그 시간을 활용하는 단계이다.

인간의 두뇌가 가장 활발하게 움직이는 시간대는 오전 10시부터 12시, 오후 3시부터 5시까지라고 한다. 대부분의 사람들은 하루 20%에 불과한 이 시간에 하루 업무량 80%를 처리한다고 한다.

제3단계는 무엇보다도 문제는 자기 내부에 있다는 것을 깨닫는 단계이다.

하버드 대학교 연구진이 밝힌 바에 의하면 사람들은 하루 60번씩 핑계를 대면서 사람 할 일을 미룬다고 한다. 미루는 일 없이 힘든 결정을 내린 뒤 실행에 옮긴 뒤 한참 시간이 지나 보상이 따르지만, 결정을 미룬다거나 실행을 하지 않는다면 더 많은 고통을 겪을 수도 있다. 고통이 두려워서가 아니라 할 일을 그 즉시 실행하는 것은 리더의 임무다. 따라서 이 시대가 요구하는 리더가 되기 위해서는 이처럼 자신을 합리화하고 부정하면서 기회와 시간을 낭비하지 않고 즉시 실행하는 사람이 되어야 한다.

8

'완벽함'은 모두가 바라는 희망사항이다

"어떤 일을 할 때, 완벽해야만 시작할 수 있다고 믿는다면 대부분은 결코 시작할 수 없을 것입니다."

페이스북 창업자 마크 주커버크가 2016년 〈와이어드지誌〉와의 인터뷰에서 한 말이다.

많은 리더들은 완벽주의를 마치 자신의 위대함을 나타내는 명예의 훈장인 것처럼 생각하고 추종하는 경향이 있다. 그들은 자신들이 완벽주의자들이기 때문에 엄청난 능력을 발휘할 수 있다고 말한다. 그러나 실제는 완벽을 핑계로 우물쭈물하다가 시작해야 할 중요한 타이밍을 놓쳐 일을 그르치고 만다. 그뿐만 아니라 마크 주커버크의 말처럼 시작할 수도 없을 것이다.

또 행동을 개시하기 전에 좋은 타이밍이 오기를 기다리는 리더들이 너무 많다. 때와 상황이 맞아떨어지는 적절한 타이밍은 매우 중요하다. 그러나 모든 것이 갖춰진 완벽한 타이밍은 세상에 존재하지 않는다. 그런 완벽한 타이밍이 올 가능성은 거의 없다. 때를 기다리며 우물쭈물하는 리더들은 결단력이 부족해서 해 볼만 해도 아예 시도조차 하지 않아 가능성 잔해들만 쌓여 있다. 능력 있는 리더들은 끊임없이 도전하고 스피드 있게 실행에 옮긴다. 이것이 궁극적인 경쟁력이다.

완벽함은 인류의 진보가 낳은 저주다. 역설적으로 우리는 완벽할 정도로 불완전하다. 지금이 가장 완벽한 때다. 따라서 지금만큼만 완벽하면 된다. 우리 인간은 결점을 가지고 있고, 특이하며, 실수를 자주 저지르는 존재다. 따라서 성장하고, 학습하고, 지루함에 맞서기 위해 노력해야 한다고 강조한다.

리더는 어떤 결정이라도 그것의 중요성을 낮추고, 그것에 영원히 집착하지 않기 위해서 간단한 첫 단계부터 시작한다. 큰 결정은 마음으로 하되, 작은 결정은 머리로 하는 것이다. 그러면 지금 시작하고 나중에 완벽해질 수 있다. 빠르게 결정하는 리더의 방법은 주로 다음과 같다.

| 신속한 결정의 방법 |

첫째, '영원한 결정은 없다.'라고 생각한다.

어떤 결정을 내려도 결정을 내리는 순간 그것을 바꿀 수 있기 때문에 영원한 결정은 없다. 그러므로 결정 내리는 순간 그 결정에 너무 집착할 필요가 없다.

둘째, 중요성을 낮추고, 결정할 일을 그대로 본다.

지금 결정할 일이 죽고 사는 만큼 중요한 문제가 아니다. 결정하는 것을 아주 작은 한 가지 일로 분리해 놓고 그 일에 더 잘 집중한다.

셋째, 하면서 이해한다.

누구도 처음부터 모든 답을 가지고 있지 않다, 시작하기 너무 늦은 때는 없지만, 기다리다가 항상 늦는다. 꾸물거림과 우유부단은 우리가 두려움, 고통, 위협적인 상황을 피할 수 있게 도와주는 역할을 하는 인간의 평범한 특성이다. 그것들은 더 중요한 일에 사용할 에너지를 지켜준다.

리더는 자신을 꾸물대는 사람으로 낙인을 찍지 않는다. 리더는 자신에게는 아무런 잘못도 없다는 것을 잘 안다. 자신이 하고 있는 모든 변명과 하찮은 일이 자기보호를 위한 기제임을 인식하고 자신에게 결코 실망하지 않는다. 그리하여 결정할 일이 있을 때 두려움 없이 결단을 내린다.

9

실패에
굴복하지 않는다

1891년 약사인 칼렙 브래드 함에 의해서 설립된 펩시는 선두 주자인 코카콜라에 밀려 성장에 제약이 많았다. 그래서 늘 코카콜라를 이기기 위한 차별화를 시도했으나 그 과정에 수없이 많은 실패를 경험해야 했다. 그러나 펩시는 실패에 굴하지 않고 계속 시도했다.

1990년대 에비안이나 페리어 같은 투명한 생수에 대한 소비자들이 관심이 높았다. 그래서 1992년 펩시도 투명성에 대한 새로운 틈새시장을 활용하기 위해 '크라이스틸 펩시'를 출시했다. 하지만 실패했다. 투명함은 좋았지만 크라이스틸 펩시의 맛이 전통적인 펩시의 맛과 완전히 달랐기 때문이다. 그래서 출시 1년 만에 중단했다.

실망한 펩시는 좌절하지 않고 1994년 전통적인 펩시 맛과 투명함을 모두 구사한 '크라이스틸'이라는 콜라를 재출시했다. 하지만 이 역시 실패했다. 재도전한 지 2년 만이었다. 이유는 기존의 '크라이스틸 펩시'의 이미지가 너무 안 좋았기 때문이다.

그러나 펩시는 실패에 굴하지 않았다. 오히려 그 실패를 계기로 투명함을 원하는 소비자들을 계속 연구하였다. 그래서 '아콰휘나아'라는 생수를 인수하여 시장을 공략하였고 마침내 성공하였다. 결코 포기하지 않는 정신으로 이겨낸 것이다. 펩시가 여러 번의 실패 끝에 결국 성공한 것은 무엇보다 실패를 실패로 보지 않고 경험으로 보았기 때문이다. 성공을 준비하는 과정에 겪는 하나의 경험으로 본 것이다.

펩시가 기업으로 사업에서 실패에 굴복하지 않고 성공한 대표적인 사례라면, 일생을 통해서 수많은 실패를 겪으면서 좌절하지 않고 성공한 인물로는 중국의 마윈을 들 수 있다.

세계에서 가장 큰 기업 중의 하나인 알리바바의 창업자 마윈은 젊었을 때 미국을 방문한 영어 교사로 시작하여 수많은 실패를 경험하였으나 굴하지 않고 마침내 성공한 세계 최대의 전자상 거래 회사 알리바바를 설립하였다. 그는 대학입시에 두 번 실패하였고, 하버드 경영대학원에 무려 열 번이나 거절당하였으며, 캔터키 프라이드치킨이 중국에 최초로 진출했을 때 그 회사에 입사하려고 하였으나 실패했다. 그렇게 여러 번 실패하였으나 '굴하지 않고 반드시 성공할 것'이라는 자기 확신을 잃지 않은 마윈은 마침내 1999년 알리바바를 설립했지만 단번에 성공은 찾아오지 않았다. 그는 제대로 된 사업 모델을 찾기까지 여러 차례 시행착오를 거쳐 마침내 성공하여 2015년 〈포브스〉지가 세상에서 가장 영향력 있는 인물 22인 중에 한 사람으로 마윈을 꼽았다. 마윈은 자신의 성공에 대해서 이렇게 말했다.

"끊임없는 노력, 그리고 실패로부터 끊임없이 배울 수 있는 능력 덕에 성공할 수 있었습니다."

그는 2004년 실패에 굴복하지 말 것을 권고하면서 이렇게 말했다.

"오늘이 힘겨운데 심지어 내일은 더욱 힘겨울 수도 있지요. 하지만 내일 모레는 아름다울지도 모르죠. 너무 많은 사람들이 힘든 시간을 보내고 내일 밤이 찾아오기도 전에 포기하고 있어요. 그러니까 절대로 오늘 포기하지 마세요."

리더는 실패에 굴복하지 않기 위해서는 끈기가 있어야 한다. 끈기는 실패를 성공으로 바꾸는 가장 좋은 무기다. 끈기가 없으면 중도에 포기한다. 따라서 성공에 이르는 중요한 요소 중의 하나가 끈기다.

가난과 배우지 못한 설움을 딛고 영국의 100대 부자의 서열에 오른 출판사업가 펠릭 데니스는 그의 저서 〈돈 버는 방법〉에서 다음과 같이 말했다.

"당신이 법치 국가에 살면서 평균 수준의 지성을 갖추었고, 몸과 마음이 건강하다면 어느 누구도 당신이 부자 되는 길을 막을 수 없다. 단지 정말로 돈을 벌고 싶은지, 성공하기 전 실패를 받아들일 수 있는지가 문제다."

"무엇보다도 중요한 것은 '끈기'다.'자신감, 통찰력, 집중력, 절제력 등이 성공의 기반이 되는 자질이지만,그중에서도 가장 중요한 자질은 끈기다. 습득했든, 흉내를 냈든 끈기가 어떤 자질보다 앞선다. 끈기 앞에는 실패도 실패가 아니며, 실패는 포기했을 때의 일이며, 실패의 다른 이름은 경험이다."

펠릭 데니스는 이어서 행운에 대해서 다음과 같이 말한다.

"한 가지는 확실하다. 돈을 벌기 위해 행운을 바라는 것은 소용 없는 일이다. 행운의 여신은 매우 삐뚤어진 성격을 가진 것 같다. 행운의 여신은 행운을 별로 바라지 않는 사람을 찾아가고, 간절히 행운을 바라는 사람을 무시한다."

행운을 무시하는 것이 행운을 만나는 가장 좋은 방법이라는 것 이다.

리더는 경험이나 핵심 기술, 결정적인 노하우 등을 전수하는 것 만으로 부족하다. 구성원들의 가슴에 열정과 동기의 불을, 그리 고 끝까지 포기하지 않는 끈기를 불어넣어야 한다. 리더가 성공에 대한 끈기를 가지고 끝까지 포기하지 않고 밀고 나갈 때 구성원들 역시 성공의 기쁨을 함께 누리게 된다. 이 세대가 요구하는 리더 는 바로 이런 리더이다.

10
구성원에게
사명감을 불어넣는다

영화 〈빠삐용〉에서 주인공 빠삐용이 꿈에서 재판을 받는다. 사막에서 거대하게 서 있는 세 명의 재판관이 무죄를 주장하는 빠삐용에게 준엄하게 심판하며 이렇게 말한다.

"너는 유죄다. 너는 무엇보다도 인생을 낭비한 죄를 지었다. 그 죄가 몹시 크도다."

인생을 낭비해서 유죄라는 말에 빠삐용은 한마디도 못하고 "나는 유죄, 유죄…"라는 말을 중얼거리면서 어둠 속으로 사라진다.

리더는 허물보다 낭비가 더 큰 죄다. 리더의 우유부단은 게을

러서 그런 것이다. 리더의 일터는 무엇과도 타협할 수 없는 가치를 위해 승부를 거는 곳이다. 리더는 현재의 꿈을 미래의 현실로 만들어가는 도전을 위해 구성원들이 최선을 다하도록 이끌어가는 존재다. 조건이 나쁘고 상황이 불리해도 전진해야 한다. 그러기 위해서는 오늘의 악조건이 내일의 호조건으로 바뀔 수 있다는 신념이 있어야 한다. 그러면 구성원들도 높은 파도가 배를 흔들어 제치고 있는 상황에서도 기꺼이 리더가 키를 잡고 있는 배에 승선하여 지도를 보고 목적지를 향해 나아갈 것이다.

애플은 최고의 인재를 뽑는다. 그리고 그 인재들에게 다른 곳에서 일어날 수 없는 변화를 이루도록 요구한다. 애플은 자신이 하는 사업에 대해서 비장함을 얼마나 느끼고 있는지 신입사원에게 보낸 편지에 이렇게 썼다.

"세상에는 그냥 하는 일과 일생을 걸고 하는 일이 있습니다. 당신의 손길이 곳곳에 닿는, 절대 타협할 수 없는, 그리고 어느 주말이라도 기꺼이 희생할 수 있는 일, 애플에서는 그런 일을 할 수 있습니다. 당신은 이곳에 그저 무난하게 일하러 온 것이 아니라 끝장을 보기 위해서 온 것입니다. 그것은 당신의 일이 어떤 의미를 지니기를 원하니까요. 어떤 거대한, 애플이 아니면 일어날 수 없는 그러한 일 말입니다. 애플에 온 것을 환영합니다."

애플이 강조한 것을 요약하면 다음과 같다. 즉, 직장을 무난히 다니는 것을 목표로 삼는 순간, 조직에도 이바지할 수 없을 뿐더러 결국 스스로 성장을 포기하는 것이다. 조직에 이바지하기 위해서 입사한 것이지, 선배가 이루어 놓은 결실을 따 먹으려고 입사한 것은 아니라는 것이다. 애플은 신입사원이 자신의 인생에서 아주 끝장을 보겠다고 온 것이지 그저 무난하게 시간만 보내는 곳이 아니라는 것이다. 애플은 세상을 자기 손으로 바꿀 그러한 비장함과 패기가 있는 젊은이를 찾고 있다는 것이다.

이 시대가 요구하는 성공한 리더는 자신을 불태우고 구성원으로 하여금 끝장 정신을 갖고 도전하도록 고무시키는 리더이다.

11

미래를 바라보는
통찰력을 키운다

　빌 게이츠는 1999년 출간된 〈빌 게이츠@ 생각 속도〉에서 미래 기술 열 가지를 언급했는데, 20년이 지난 지금 그 기술들이 다 실현되었다. 그가 예측한 기술을 요약하면, 언제 어디서든지 연락 가능하며, 전자 거래를 할 수 있는 작은 단말기를 가지고 다닐 것이며, 이 단말기로 항공 예약이 가능하며 증시 정보를 얻는 등 모든 일을 할 수 있을 것이라는 내용이었다. 이는 스마트폰의 대중화를 이끈 아이폰이 2007년에 나왔고, 지금은 스마트폰이 없으면 못 살 것 같은 사람이 대부분일 정도로 대중화되었다.

빌 게이츠가 예측한 것들이 이토록 맞춘 것은 빌 게이츠가 예언가이거나 점술가이어서 그런 것은 아니다. 빌 게이츠의 기술 예측은 당시 비즈니스 상황에 대한 깊은 이해와 지식에서 나왔다. 이는 그가 탁월한 엔지니어로서 IT 기술을 잘 알고 있었고 IT 산업에 영향력을 행사할 만한 인물이었기에 그런 예측이 가능했다. 그가 생각한 미래가 시간이 지나 세계의 현재가 되었다는 점은 미래를 보는 그의 안목이 탁월했다는 것을 보여준다.

미래는 오기 전에 꾸준히 단서를 제공한다. 그러므로 훌륭한 리더는 오기 전에 그 단서를 볼 수 있다. 과거와 현재를 볼 수 있는 눈으로 미래도 볼 수 있다. 포사이트가 바로 시간을 넘나드는 눈이다. 일종의 망원경이자 카메라 줌의 기능과 같은 역할을 하는 포사이트를 통해 남들보다 먼저 미래를 볼 수 있다는 것은 리더에게는 너무나 중요한 무기가 된다.

해박한 지식의 소유자인 리더는 미래를 정확히 알 수는 없지만 어떤 방향으로 흐를지 예측이 가능하다. 그래서 다양한 예측을 통해서 한 발 앞서 미래를 준비한다.

리더에게는 생각의 타임머신이 있다. 미래는 단수가 아닌 복수로 오지만, 미래는 여러 가능성을 포함하고 있다. 미래가 가까워지면서 여러 시나리오 중 현실 가능성이 큰 시나리오가 추려지고, 그렇게 미래는 우리 앞에 다가온다.

| 미래를 보는 안목이 절실한 CEO |

기업을 하는 CEO에게는 미래를 보는 안목이 더욱 필요하다. 새롭게 다가올 기회와 위기를 미리 볼 줄 알아야 남들보다 먼저 문제를 풀 기회를 얻을 수 있기 때문이다. 멀리 바라보지 못하는 근시안을 가진 리더는 아무리 탁월한 순발력을 가지고 있어도 한계에 봉착한다. 결국 멀리 볼 수 있는 안목은 리더에게는 크나큰 무기가 된다.

리더는 멀리 보는 안목을 갖기 위해 새로운 기술 및 과학이 어떻게 연구 개발되고 있는지, 어떤 새로운 비즈니스가 이뤄지고 있는지, 정치세력이 어떤 정책을 그려가고 있는지 등에 관해 계속 촉각을 세울 필요가 있다.

'아는 만큼 보인다.'는 말이 있다. 대상에 대한 지식이 많아질수록 더 깊이 이해할 수 있다는 뜻이다.

미래는 초자연적 존재가 아니라 사람이 만든다. 특히 각 분야에 종사하는 리너가 만든다. 리더가 만든 기술, 리디가 시도한 비즈니스, 리더가 만든 법과 제도가 모여 미래 방향을 꾸린다. 훌륭한 리더에 의해 오늘보다 나은 미래가 열리며, 나쁜 리더로 인해 역사가 퇴행한다.

PART

4

스스로 성장하는
자기관리

1

잠재의식마저
활용하는 리더

스물일곱 살 때는 세라믹기술자로 공장에서 일하는 공장 노동자에 불과했던 일본의 이나모리 가즈오는 1959년 큰 뜻을 품고 일곱 명의 동료와 함께 교토 세라믹 회사를 설립하였다. 현재 파인 세라믹스를 이용한 각종 부품과 디바이스, 태양광 발전시스템 등 다양한 제품을 생산하는 종합 브랜드로 성장시켰다. 창업 첫해 매출이 약 2600만 엔밖에 안 되었지만 2022년에 1조2천억 엔에 이르고 있다. 이렇게 발전하기까지 가즈오는 전심전력 일에 몰두했다. 오로지 사업밖에 모르고 그 일에 몰두하자 주위에서 그의 건

강을 걱정할 정도였다.

물론 그 여정이 평탄치만은 않다. 1971년 닉슨쇼트로 인해 엔화의 제도가 바뀌었고, 1973년 뒤이어 발생한 오일쇼크로 인해 전례 없는 불황이 있었다. 그 동안에 미일 무역 마찰, 급격한 엔고 현상, 버블 경제 붕괴 징후의 긴 경제 침체도 있었다. 이어 미국투자 은행의 리먼 브러더스의 파산에서 시작된 세계적 규모의 금융 불안, 유럽 여러 국가의 재정위기에서 비롯된 경기 후퇴 등이 일본 경제를 뒤엎어 계속해서 이어지는 거대한 경기 변동의 파도가 일본 산업전체를 덮쳤다. 하지만 교세라는 거센 경기의 파도를 정면으로 맞으면서 계속 성장으로 이어져 갔다.

어려운 난관을 물리치고 아무것도 없는 상태에서 도전하여 성공한 그 밑바탕에는 다른 사람들에게 없는, 이나모리 가즈오에게만 그 무언가가 있었다.

그것은 곧 "나는 왜 이 일을 하는가?" "이 일은 옳은 것인가, 그른 것인가?" 이 질문에 떳떳하게 답할 수 있었고, 말로만 답하는 것이 아니라 행동으로도 보여주었기 때문이다. 그는 말한다. 누구든지 성공을 원한다면 이 질문에 떳떳이 대답할 수 있어야 한다고.

| 리더에게 필요한 정체성 |

리더는 조직의 여러 가지 크고 작은 문제로 힘들어하고 고민하는 것이 일상적인 일이다. 그러나 위의 두 가지 문제에 대해서 확신을 가지고 있고, 조직의 현안 문제에 얼마나 몰두하고 있고, 그 일에 대해서 자나 깨나 24시간을 계속 생각하고 있는가에 따라서 그 문제 해결 결과가 달렸다고 할 수 있다. 다시 말해 모든 정신과 정력을 오로지 한 가지 일, 자신이 해야 할 일에 대해 24시간 집중한다면 반드시 성공한다고 이나모리 가즈오는 말한다.

우리 인간은 강하게 그리고 지속적으로 생각하는 소망은 잠재의식과 연결된다. 그리하여 휴식하고 있을 때나 잠들려고 하는 순간 그 소망을 잠시 멀리하는 순간에도 그 잠재의식은 발동한다. 이것이 성공으로 향하는 길로 안내한다.

심리학자에 의하면 잠재의식은 겉으로 나타나는 의식보다 많은 내용을 품고 있다. 그래서 최면이 걸리면 자신도 모르는 이야기를 하게 된다고 한다. 실제 우리는 일상생활에서 이 잠재의식을 활용하는 경우가 많다.

예를 들어 자동차 운전을 할 때 초보자들은 의식적으로 운전대를 움직인다. 그러나 능숙해지면 운전하고 있다는 의식을 하지 않았는데도 다른 생각을 하면서도 자연스럽게 운전을 하게 된다.

| 잠재의식을 작동케 하는 방법 |

잠재의식이 제대로 작동하기 위해서는, 의식 속에 침투할 때까지 강렬한 소망으로 골똘히 생각할 필요가 있는 것이다. 당면한 문제를 가볍게 받아들이고 적당히 처리해 버리면 그것은 결코 잠재의식에 침투할 수 없다.

따라서 리더가 어떤 프로젝트나 현안에 성공하려면 불같이 타오르는 소망을 지속적으로 품고 있어야 한다. 그렇게 하면 소망이 잠재의식에 침투하여, 특별히 신경을 쓰지 않아도 잠재의식이 성공의 길로 인도할 것이다.

강한 소망이라는 것은 그 일에 대해서 지속적으로 생각한다는 의미다. 성취하고 싶은 일이 있으면 그 일에 대해서 시뮬레이션을 거듭 반복한다는 뜻이다. 한 마디로 말해 그 일에 전심전력으로 몰두하는 것을 말한다. 그 일이 성공하기를 바라고 모든 생각을 집중하여 몰두하는 것을 말한다.

완전히 새로운 일을 해내려면 그 과정에 장애물을 만나는 것은 당연하다. 리더는 그런 장애물에 대해서 사전에 여러 방면으로 검토하고 시뮬레이션을 반복하면서 계획대로 일이 진행되는 모습이 자신의 머릿속에 선명하게 그려진다. 성공으로 가는 프로세스를 수차례 걸쳐서 머릿속으로 그리다 보면, 현실에서 경험하지 못했던 일이 마치 이미 성공한 것처럼 생생하게 영상으로 보인다. 그

수준에 도달할 때까지 계속 생각한다.

　리더는 새로운 사업에 성공하고 싶다면 머릿속에 성공에 이르는 프로세스가 그려질 때까지 강한 집념을 품고 있다. 그렇게 깊이 몰두하지 않으면 새로운 것에 도전하는 일은 불가능하기 때문이다.

2

과도한 규칙은
만들지 않는다

기업에 따라 나름대로의 분위기가 있고, 그것이 회사의 개성으로 인상지어지는 일이 종종 있다. 이것은 그 기업의 사훈이나 규칙이 좋건 나쁘건 오랜 세월에 걸쳐서 회사원 전체에 침투된 결과이다.

이런 특이한 분위기에 적응하느라 안간힘을 쓰면서도, 종종 특유의 룰에서 이탈하기도 한다.

이런 이탈을 가능한 빨리 방지하는 것이 사내규칙을 고착시킨 목적이다. 대개 신입사원이 회사라는 조직에 적응하려면 다음 두 가지 방법밖에 없다.

첫째, 일반적인 사원의 경우 그들로서는 회사가 정해 놓은 규칙과 이미 형성된 분위기에 적응하는 수밖에 없다.

둘째는 그들보다 위에 있는 중간과 관리의 경우다. 회사의 분위기에 적응하기 어려운 때 중간관리자는 자신이 적응하기 쉽도록 환경을 바꿔가는 방법도 있을 수 있다. 중간리더 중에 자신이 쉽게 적응하기 위해 새로운 규칙을 고안해 내거나 표어를 내걸고는 무조건 따를 것을 강요하는 리더도 있다. 그뿐 아니라 "규칙을 지키지 않는 부하 때문이라든지", "최근에 실적이 좋지 않은 것은 부하가 정신을 차리지 못했기 때문이다."는 식으로 모든 잘못을 부하의 탓으로 돌리기도 한다. 새로운 규칙을 만들어 내는 중간 리더들은 그것을 정확히 준수한다.

그런데 사실 그들은 결코 솔선수범하는 것이 아니다. 단지 규칙 자체가 관리직은 그들이 적응하기 좋게 만들어졌기 때문에 준수하기 좋은 것뿐이다. 부하 입장에서 보면 ,이런 경우에는 새롭게 만든 규칙으로 적지 않은 규제를 당하게 되고, 새로운 규칙에 다시 적응하려고 하는 심리 작용이 일어나기 마련이다.

이렇게 되면 부하직원들이 지닌 본래의 능력이나 창조성까지 억눌릴 염려가 있다. 따라서 유능한 리더는 이런 불필요한 규칙을 만들지 않는다. 회사 내에서 부하들이 마음껏 창조성을 발휘하도록 한다.

| 규제나 규칙이 아예 없는 회사 |

미국 인터넷 동영상 스트리밍 서비스회사인 넷플릭스는 규제나 규칙 같은 것이 없다. 휴가를 언제든지, 원하는 만큼 다닐 수 있고, 출장을 비롯한 업무비용은 계약 없이 쓸 수 있다. 연말 인사고과도 하지 않는다. 자유롭게 출근하고 자유롭게 퇴근한다. 사원들 모두의 창의성을 바랄 뿐이다.

리드 헤이스팅스 CEO는 "우리의 최대 경쟁자는 기존 방송사가 아니라 사람들의 잠(수면)이라고 선언하면서 제1원칙 사고를 강조하였다. 제1원칙 사고란 일반상식에 근거해 사고하는 것과 달리 문제의 근원부터 생각하는 것을 말한다. 맹목적으로 지시를 따르거나 기존 처리과정을 준수하기보다 '무엇이 최선일까?', '다른 방법은 없나'를 꾸준히 자문하도록 하였다.

"당신이 생각할 때 회사를 위해 최선인 것을 하라. 가이드라인 같은 것은 없다." 헤어스팅스가 자주하는 말이다. 그 결과 2017년 가입자가 1억 명을 돌파하는 놀라운 업적을 올렸다.

이 시대가 요구하는 리더는 구성원으로 하여금 자유롭게 창의성을 발휘하기를 원하므로 규제나 규칙보다 무한한 창의성을 발휘하도록 장려한다.

3
자신의 문제부터
해결한다

리더는 자신의 문제부터 발견한다. 리제트 대학의 학장인 월터 라이트 박사는 그의 저서 〈관계를 통한 리더십〉에서 다음과 같이 말했다.

"리더가 되기 위해 품어야 할 덕목 중에 그 첫 번째가 자신의 문제를 발견하는 것이다."

월터 라이트 박사가 리더의 키워야 할 첫 번째 덕목으로 자신의 문제를 발견하라고 한 이유는 리더들이 자신의 문제에 대해서는 관심을 두지 않기 때문이다. 관심을 둬 받자 자신에게 이익이 없다고 생각한다. 그리하여 오늘날 많은 리더들이 문제의 원인을 파악하는 데에 집중하지 않는다.

문제의 중심에 자신이 있을 수 있는데 그 부분에 대해서 인식하지 못한다. 자신의 조직이 당면하고 있는 문제가 무엇인지를 발견하고, 그 문제가 일어난 원인 중에 자신도 포함되었다는 것을 인식하지 못하고, 그 문제의 원인 제공자가 누구인지를 찾는 데에 힘을 쏟는다. 그리고 그를 비난하고 심지어 제거하는 데에 열을 올리고 있다.

| 문제의 원인을 외부에서 찾지 않는다 |

훌륭한 리더는 문제의 원인을 외부에서 찾지 않는다. 비록 그 문제의 원인이 외부에 있을지라도 먼저 자신에게서 찾는 사람이 신정한 리더이다. 그릴 때 문제도 해결되고 조직이 하니가 된다.

자신의 문제를 파악하지 못하면 남의 문제를 본다. 내 문제를 보지 않고 남의 문제를 보게 된다. 이것은 인간의 본능이다. 인간에게는 문제를 지적하고 싶은 욕구가 있어 모든 문제의 원인이 자신이 아니라고 생각하고 그 원인을 남에게서 찾으려고 한다. 이렇게 남의 문제를 지적하면 관계는 깨지고 결국 리더십은 무너진다.

이 시대가 요구하는 리더는 절대 남의 문제를 지적하지 않는다. 문제를 지적하면 상황을 반전시킬 수 없기 때문이다.

대부분의 사람들은 자신에게는 관대하고 남에게는 엄격한 잣대를 가지고 있다. 그러므로 자신의 문제가 보이지 않는다. 항상 남의 문제가 눈에 뜨인다. 아무리 자기 눈에 들보가 있어도 그를 보는 남의 눈에는 티끌로 보인다. 그러나 진정한 리더는 자기 것을 먼저 본다.

리더는 자신에게 문제가 찾아오면 그 문제의 원인 제공자가 누구인지를 밝히려고 시간을 허비하지 않는다. 그것은 어리석은 리더가 하는 짓이다. 그렇다고 문제에 대해서 걱정하지 않는다. 문제에 굴복하거나 문제를 만들어낸 사람을 원망하지 않는다. 오로지 문제를 어떻게 풀 것인지에 집중하여 곰곰이 생각한다. 그리하여 문제를 해결하는 합리적인 방법을 찾아 모두가 동의하는 방법으로 해결하고 만다.

이 시대가 요구하는 리더는 자기 눈에 들어 있는 티끌을 들보처럼 크게 생각하고 접근한다. 문제를 만났을 때 그 문제의 원인이 나라고 인정하면 문제는 쉽게 해결된다.

4

다른 사람의 도움을
적절히 활용할 줄 안다

어렸을 때 부모와 헤어져 새아버지 밑에 자랐고, 제대로 된 교육조차 받지 못했으며, 열네 살 때 집을 뛰쳐나와 런던거리에서 가리지 않고 닥치는 대로 일을 한, 참으로 불행한 소년이 있었다. 그 소년은 그런 자신의 불행한 운명을 탓하지 않고 묵묵히 일하다가 마침 기회가 찾아오자 놓치지 않고 드디어 영국에서 제일 큰 출판사를 운영하며, 손꼽히는 부자가 되었다. 그가 바로 펠리스 테니스다.

테니스는 무일푼이었던 그가 부자가 된 것에 대하여 그의 저서

〈진짜 돈 버는 방법〉에서 이렇게 말했다.

"당신이 법치국가에서 평균수준의 지성을 갖고 있고, 몸과 마음이 건강하다면, 어떤 것도 당신이 돈 버는 일을 막을 수 없습니다. 정말로 부자가 되는 데에는 먼저 성공하기 전 실패를 기꺼이 받아들일 수 있느냐가 관건입니다. 돈을 버는 데에는 여러 가지 길이 있지만, 혼자 힘보다는 여러 사람들의 도움을 받는 것이 가장 현명한 방법입니다. 나쁜만 아니라 대부분의 부자들이 기업을 일궈 사업을 성공시킬 때 혼자 힘으로 한 것이 아닙니다. 여러 사람들의 도움이 있었던 것입니다. 그에게는 유능한 인재를 알아보고, 고용하고 키우는 능력이 있었던 것입니다."

펠리스 테니스가 말한 요지는 부자가 되거나 성공하기 위해서는 여러 사람들의 도움이 필요하며, 그 사람들이 도와주도록 여건을 만들어 주라는 것이다.

리더는 인재를 영입했으면, 자신을 위해 일하게 하고, 회사를 떠나지 않게 하는 방법을 알아야 한다. 인재가 회사를 떠나지 않게 하려면 융통성을 발휘해야 한다. 사람들이 보통 생각하는 것처럼 급여가 전부는 아니다. 유능한 구성원은 비록 돈의 가치를 알고 있지만 돈보다 새로운 기회나 도전에 끌리는 경우가 많다.

테니스는 또 이렇게 강조한다. 이 시대가 요구하는 리더는 자기 눈에 들어 있는 티끌을 들보처럼 크게 생각하고 접근한다. 문제를 만났을 때 그 문제의 원인이 나라고 인정하면 문제는 쉽게 해결된다고.

| 피라미드를 만든 리더 |

이집트의 피라미드를 만든 건 누구일까? 기술자, 인부들, 모두 아니다. 기술자와 인부를 적재적소에 활용한 파라오이며 리더이다.

시간의 중요성도 놓쳐서는 안 된다. 건강, 부, 심지어 사랑과 애정도 상황이 좋아지면 되돌릴 수 있지만, 시간은 절대 되찾을 수 없다. 테니스는 소중한 시간을 낭비하는 것은 죄라고 한다.

또한 게으름을 물리쳐야 한다. 게으름을 물리치지 않고는 어떤 일도 성사시킬 수 없다.

미국의 습관전문가 스티브 J. 스콧은 그의 저서〈게으름이 습관되기 전에〉에서 게으름 되치법에 대해서 다음과 같이 말했다.

"우리는 엄청나게 많은 일을 하고 살아가지만, 가만히 보면 그중에 정말 중요한 일은 많지 않다. 중요한 것에만 정력을 쏟고 할일을 제시간에 해내며 느긋하게 사는 게 어렵지 않다."

스콧이 제안하는 방법은, 중요한 일 몇 가지만 집중하고 나머지 일에는 신경을 끄라는 것이다. 그러기 위해서는 먼저 자신의 핵심 가치가 무엇인지 알아야 한다는 것이다. 내가 소중히 여기는 가치가 무엇인지, 스스로 행복했고, 자랑스러웠고, 만족했던 경험의 공통점을 찾아보는 것이 출발점이다.

그렇다고 해서 게으름이 모두 사라지는 것이 아니다. 추가적인 노력이 필요하고 게으름이 파고들 수 없도록 견고한 시스템을 구축해야 한다.

스콧은 강조한다. "즉시 해결할 수 있다면, 당장 시작하라."고. 미적거리면서 스트레스를 받을 필요가 없다는 것이다.

스콧은 부자가 되기 위한 중요한 요소로 시간의 중요성, 게으름을 물리치는 법 등 여러 가지를 말했지만, 무엇보다도 중요한 것은 많은 사람을 활용하여 그들의 도움을 받는 것이라고 하였다. 특히 인재들을 고용하여 그들의 뛰어난 지능을 활용할 줄 아는 능력이 무엇보다도 중요하며, 능력이 뛰어난 리더들은 사람들을 활용하고 그들의 도움을 받는 데에 탁월하다는 것이다. 이 시대가 요구한 리더는 바로 그런 능력의 소유자인 리더이다.

5

탐욕으로 비참한 종말을 맞은 천재

에디슨이나 베토벤 같은 천재는 천재성으로 인해 세계에 많은 업적을 남겼고, 자신도 부유한 삶을 누렸다. 그러나 의외로 천재임에도 불구하고 탐욕과 사지로 불행한 삶을 마감한 천재도 있다.

모차르트는 다섯 살 때 피아노 협주곡, 여섯 살 때 오페라를 작곡하면서 명성을 떨쳤고, 625곡이나 되는 많은 곡을 작곡한 그 시대의 뛰어난 천재였다. 곡을 만들 때마다 연주자나 사람들에게 비싼 값으로 팔아 넉넉한 생활을 할 수 있었다. 그러나 탐욕과 사치에 눈이 멀어 서른다섯 살에 요절할 때까지 빚에 허덕이며 살았고, 죽은 후에 시신이 빈민구역에서 다른 시체들과 함께 매장되어 찾을 길조차 없는 비참한 종말을 맞았다. 200년이 지난 지금까지도 세계적으로 존경받는 음악가이지만 생존해 있을 때는 가난을 면치 못했으며 생을 비참하게 마감했다. 그가 그토록 비참하게 산 것은 무엇보다도 사치로 돈 씀씀이가 무분별했다. 작곡한 곡마다 잘 팔리자 앞으로 작곡해서 얼마에 팔릴 것이라는 기대로 수중에 있는 돈을 저축하기는커녕 돈을 빌려 사치스러운 생활로 하루하루를 보내다가 기대했던 곡이 팔리지도 않고, 작곡마저 어려워지면서 생활에 쪼들리다가 불행한 삶을 마감한 것이다.

또 한 사람의 천재 화가 네덜란드의 천재 램프란트도 스무 살에 직업화가가 되었고, 서른 살에 부잣집 딸과 결혼하여 물질적으로 풍요를 누렸으나 서른일곱 살 때부터 빚 독촉에 시달리다가 파산당했으며, 10년간 외롭게 살다가 예순여섯 살에 굶어 죽었다.

| 비용관리의 실패 |

위의 두 천재는 예술적으로는 성공을 거두었으나 어두운 인생을 보내게 된 것은 비용관리 즉 자산관리를 잘 하지 못했기 때문이다. 당시 두 사람의 수입은 같은 동료와 비교하지 못할 정도로 엄청나게 많았으나 램프란트는 사치스러운 생활로 망쳤고, 모차르트는 도박에 빠져 있었다. 무엇보다도 이들은 돈 씀씀이가 커서 수입이 많아도 지출이 훨씬 더 많아 수입으로 감당할 수 없었다. 이들은 현재의 수입에서 소비할 수 있는 규모를 판단하는 것이 아니라 장차 들어올지 불확실한 미래 수입까지 고려해 지출을 함으로써 감당할 수 없었던 것이다.

"이 작품이 팔리면 돈이 들어올 거야. 일단 사고 보자." 하는 생각으로 돈을 펑펑 쓰고 돈이 없으면 빌려서까지 쓰면서 낭비하다가 마침내 파멸의 길로 들어서고 말았다. 돈은 많이 버는 것도 중요하지만 어떻게 관리하느냐가 더욱 중요하다는 것을 두 천재의 돈 관리를 통해서 깨닫는 진리다.

조직의 재정관리의 책임을 지는 리더는 더욱더 돈 관리의 엄중함을 깨달아야 한다.

'자기관리'는 자멸을 피할 수 있는, 어느 누구에게도 중요한 원칙이다. 아무리 성공했어도 자기관리에 실패하면 그 성공을 오랫동안 누리지 못하고 망하고 만다.

6

자기 인식과 자신을
컨트롤하는 리더

　다양한 조직을 이끄는 훌륭한 리더들은 자기 마음을 아는 힘이 있다. 아무리 유능한 리더라도 자기 마음을 살피지 않고 앞만 보고 달린다면 결국 지속 가능한 성장을 할 수 없다. 탁월한 성과를 내고 지속적으로 성장하는 리더들은 모두 자기 마음을 들여다보는 힘이 있다.

　위기 상황을 맞아 방황하는 구성원들의 마음을 사로잡는 것도 리더의 중요한 의무이다. 이때 필요한 것이 '깊은 자기 인식'이다. 객관적이고 명확한 자기 인식이 있어야 주변 상황을 외곡 없이 받아들이고 정확하게 해석하고 진단할 수 있기 때문이다. 상황 인식과 자기 인식은 시대를 막론하고 리더십의 중요한 요건이다.

리더십은 상황에 따라 계속 변화하고 성장하고 발전해야 한다. 훌륭한 성과를 내어 목표를 달성하여 승진되었다 하더라도 다음 단계로의 성장에 대한 비전이 없으면 그 자리에 정체되거나 뒤로 밀려나게 된다. 자기 성장에 대한 비전은 다른 사람이 제시하는 것이 아니라 자신이 진정으로 원하고 자신에게 잘 맞는 것이어야 한다. 그래야 단기적인 성과에 만족하지 않고 지속적인 성장을 이룰 수가 있다.

지속적인 성장을 이루기 위해서는 자신의 비전에 대한 고민과 도전이 뒤따라야 하며, 이는 자기 마음을 아는 힘이 뒷받침되어야 한다. 자기 마음을 들여다본다는 것은 자신은 무엇을 원하는 사람인지, 무엇을 잘 하고, 무엇이 부족한지 자각하는 것이다. 그리고 자신의 취약성을 어떻게 협업을 통해서 보완할 것인지 성찰하는 것이다.

리더가 자기마음을 알았으면 그 다음에는 자기 마음을 관리해야 한다. 대규모의 경제발전과 성과가 미덕인 시대에는 개인의 감정과 욕구를 억제하는 것이 미덕이었지만, 이제는 인간의 자유로운 정신과 창의성이 중요한 경쟁력으로 작용하는 시대이므로 리더에게는 자기 마음 관리가 중요한 덕목으로 되었다.

리더들에게 자기 마음관리가 특히 중요한 것은 다음과 같은 세 가지 이유에서다.

| 마음관리가 중요한 이유 3가지 |

첫째, 리더는 외로움을 느끼는 존재이기 때문이다.

조직과 구성원의 운명을 가를 중요한 결단은 혼자서 해야 하는 외로운 존재이다. 또한 리더의 위치에 오르면 진정성 있는 인간관계를 잃어버리게 된다. 오죽하면 "나를 미워하는 사람들과 내가 듣고 싶은 이야기만 하는 사람들만 세상에 남은 것 같다."라고 심적 고충을 토로하는 리더가 있다. 이러한 리더에게는 타인으로부터 얻는 위로나 공감 따위는 필요 없어도 자신의 마음을 위로하고 들여다보고 보듬어 안을 수 있는 역량이 매우 중요하다. 이러한 마음 관리에 소홀히 하면 과도한 스트레스를 이기지 못해 무작정 감정으로 인해 결정적인 순간에 오판을 하게 된다.

둘째, 아무리 유능한 리더라도 언제든지 힘들고 어려운 상황을 부딪칠 수밖에 없기 때문이다.

많은 리더가 하루에도 몇 번씩 롤러코스터를 타며 긴장의 끈을 놓지 못하고 하루하루 버티고 있다. 따라서 어떤 난관을 만나더라도 침착하게 대응할 수 있고, 뛰어난 성과를 이루거나 뜻밖의 호재를 만났을 때도 지나치게 낙관하는 마음의 균형추가 필요하다. 이런 균형추는 마음관리가 가능할 때 이루어질 수 있다.

셋째, 결국 리더라도 자신이 통제할 수 있는 것은 자기 마음뿐이기 때문이다.

사람은 자신이 상황을 통제할 수 있다고 믿을 때 스스로 동기를 부여하며 더 큰 자신감을 가질 수 있다. 리더는 자기 마음을 잘 조절하는 통제력을 통해서 주체적이고 능동적인 성장지향적인 결정을 내릴 수 있다.

미국 예일대학교 마크 브레킷 교수는 인터뷰에서 리더십 연구 결과를 다음과 같이 발표했다.

"코로나 19로 인한 펜터믹 이전에는 조직원들이 자신의 어려움을 공감해주는 리더를 선호했지만, 펜터믹 이후에는 자기 자신의 감정을 잘 조절하는 리더를 선호한다."

팬터믹 같은 불확실성 상황에서는 자신의 감정을 잘 관리할 수 있는 리더가 훨씬 더 중요해졌다는 것이다.

이제 시대가 요구하는 리더는 무엇보다도 자신의 감정과 마음을 잘 관리하는 리더이다.

7

따뜻하게 배려하는 마음이 있다

하버드대 경영대학원 커뮤니케이션 전문가인 네핑저와 매튜코 헷은 성공한 리더들의 사례를 분석하여 공동으로 집필한 〈어떤 사람이 최고의 자리에 오르는가〉에서 리더의 핵심요소로 따뜻함과 강인함이라고 밝혔다. 따뜻함과 강인함은 개인을 묶는 끈이며, 리더십을 필요로 하는 상황에서 사람을 따르게 하는 도구라는 것이다. 그런데 이 중요한 요소 두 가지를 하나로 묶어 실천하기는 말처럼 쉽지는 않다. 그럼에도 불구하고 훌륭한 리더는 이를 실천해 내고 있다고 말한다.

현대 사회에서는 무엇보다도 따뜻함을 중요시 여긴다. 따뜻함을 조직에 불어 넣기 위해서는 구성원들을 중심에 두고 그들의 실질적인 어려움을 해결해 주어야 한다. 이렇게 할 때 구성원들은 몸과 마음을 다하여 일에 몰두할 수 있다. 알리바바의 마윈 회장은 조직의 규모 크기에 따라 따뜻함을 다음과 같이 실행해야 한다고 강조하였다.

"직원이 백 명일 때는 리더가 명령을 내리면 된다. 1,000명이면 간부들에게 도움을 요청해야 한다. 그리고 1만 명이 되면 그들의 뒤에서 감사하는 마음을 가지면 된다. 하지만 직원이 5만 명에서 10만 명을 넘으면 감사한 마음으로만 안 된다. 기도하는 마음으로 앞장서야 한다."

이 시대가 요구하는 리더는 자기 눈에 들어 있는 티끌을 들보처럼 크게 생각하고 접근한다. 문제를 만났을 때 그 문제의 원인이 나라고 인정하면 문제는 쉽게 해결된다.

| 따뜻한 마음에서 시작되는 배려 |

배려하는 마음은 따뜻한 마음에서부터 시작된다. 상대를 보살피고 도와주려는 따뜻함에서부터 시작된다.

조직 내에서 배려의 환경을 조성하는 것이 리더의 역할 중의 하나다. 스스로 낮은 자리에 놓아두고 남을 먼저 생각하고 배려한다면 그 리더는 상당히 높은 수준에 있다고 할 수 있다.

정상에 오를수록 리더가 가져야 할 덕목 중의 하나가 배려이다. 중간 리더는 논리만 뛰어나도 별 문제가 없다. 하지만 톱 리더는 기업문화를 상징하고 기업을 대표한다. 그런 자리일수록 배려는 선택이 아니라 필수이다. 세상과 조화를 이루는 연결고리인 동시에 구성원들에게 동기 부여를 해주는 공존의 원칙이 된다.

구성원들에게 동기 부여를 시키는 것은 단순히 그들에게 연봉과 보너스를 준다는 의미가 아니다. 보다 효과적인 방법은 그들을 배려하는 것이다. 그들의 마음을 알아주고 부족하면 채워주고 감쌀 수 있어야 한다.

인간에 대한 깊은 이해가 있어야 경영에서도 성공할 수 있다. 누가 시켜서 움직이는 수동적인 자세로는 차별화된 역량을 갖추지 못하기 때문이다. 구성원들이 순종이 아닌 몰입을 하고 근면을 넘어 열정을 갖기 원한다면 톱 리더가 배려를 갖고 동기부여를 해야 한다.

이 시대가 요구하는 리더는 그가 어떤 일에 종사하든지 인간을 중요시하고 상대를 배려하는 마음으로 조직을 이끌어가는 리더이다.

8

리더가 갖추어야 할
5가지 덕목

이 시대가 요구하는 리더로서 갖추어야 할 덕목과 조건들이 있다. 이 덕목과 조건들은 학자들마다 또 리더마다 견해가 다르다. 열의와 능력, 그리고 사고방식이라고 말하는 리더도 있고, 미래를 내다보는 통찰력, 주저 없이 결정하는 결단력, 그리고 신속하게 행동으로 옮기는 실행력이라고 주장하는 학자도 있다.

글로벌 경영 컨설팅 회사인 맥킨지앤컴퍼니는 지난 15년간 세계 유명 기업에서 탁월한 리더십을 발휘하여 놀라운 성과를 올린 160명의 리더의 특성을 다방면에 걸쳐서 조사 연구한 결과를 발표하면서 다음과 같이 5가지 공통적인 요소가 있다고 말하였다.

| 리더의 5가지 공통적인 요소 |

첫째, 자신과 일의 의미를 발견하였다.

리더들은 다음과 같은 질문을 자신에게 수시로 하면서 자신과 일의 의미를 발견하였다.

"나는 어떤 목적으로 사는가?"

"왜 나는 처음에 이 일에 뛰어들었는가?"

"이 일은 올바른 것인가, 그른 것인가?"

둘째, 긍정적 사고와 관점을 가졌다.

리더들은 매사를 긍정적으로 생각하며 보려고 노력하였다. 아무리 어렵고 힘들어도 낙관적으로 바라보며 생각하고 해결하려고 노력했다.

셋째, 육체와 정신의 에너지 관리를 철저히 했다.

불필요한 일로 정신적, 신체적 에너지를 낭비하지 않도록 관리했다. 더 나아가서 육체적, 정신적 에너지의 긍정적 상호순환을 유지하기 위해 습관과 노력에 투자하고 있었다.

넷째, 인간관계의 연결을 중시했다.

지금까지 자신과 연결되어 있는 모든 인간관계를 중심으로 더 확대하기 위해 연결에 노력을 기울였다.

다섯째, 일을 할 때 몰입에 능숙했다.

현안 문제들이나 프로젝트, 도전하는 새로운 일 등을 할 때 몰입하여 그 일이 성공할 때까지 전력투구하였다.

맥킨지는 이 다섯 가지 요소와 성공과의 상관관계를 분석하였다. 한 가지 이상 요소를 가진 리더는 아무것도 없는 리더보다 변화를 성공적으로 주도해 낼 확률이 두 배나 높았다. 다섯 가지 요소를 가진 리더는 그 확률이 네 배나 높았다. 그뿐만 아니라 다섯 가지 특성을 모두 가진 리더는 아무 것도 없는 리더들보다 일에서의 성과와 개인적인 삶에 대해 만족한다고 답한 확률이 20배나 높았다.

훌륭한 리더로 계속 성장하기 위해서는 뛰어난 업무역량이나 단기적 성과만으로는 부족하다. 자기 마음뿐만 아니라 타인의 마음도 헤아릴 줄 알고 잘 보살필 줄 아는 역량을 갖추어야 계속 성장하는 리더가 될 수 있다.

9

톱 리더에 오르는 7단계

　조직이나 기업에서 소수의 직원을 거느린 그룹이나 팀의 리더가 점차 성장하여 톱 리더 자리에 오르는 과정은 리더마다 또 소속된 집단이나 기업에 따라서 다양하다. 그러나 수많은 리더들이 성장하는 과정을 분석해본 결과 그들이 매우 유사한 경로를 거치면서 성장, 발전해왔음을 알 수 있다. 리더들이 제각기 다른 상황에서 또한 지향하는 목표와 비전도 다르지만 유사한 경로를 거치며 최고의 리더가 되는 단계를 다음과 같이 7단계로 나누어 말할 수 있다.

| 톱 리더가 되는 7단계 |

제1단계는 자기 인식의 단계이다.

리더의 자격은 여러 가지로 말할 수 있으나 개인의 성취에 만족하지 않고 조직과 구성원들의 성공에 헌신하는 겸손한 태도는 첫 번째 요건이라고 할 수 있다. 이런 요건은 자기인식을 자양분으로 하여 탄생할 수 있다.

제2단계는 내적 수용 단계이다.

리더가 자기인식을 통해 자신의 문제점을 자각하더라도 이것을 해결하지 못하고 스스로 한계에 부딪친다. 그것은 자각한 내용을 온전히 내적으로 수용하지 못하기 때문이다. 그러므로 리더가 성장하기 위해서는 자신의 문제점을 내적 수용하는 단계를 거쳐야 한다.

제3단계는 관점 전환 단계이다.

십수 년간 반복해온 리더의 문제 행동은 때로는 무의식차원에서 발동되어 온 프레임의 영향을 받았기 때문에 일어날 수 있다. 따라서 이런 경우를 대비해서 문제를 다르게 보는 관점 전환의 단계가 필요하다. 그리하여 관점 전환 단계를 거쳐야 한다.

제4단계는 한계 극복의 단계이다.

한계 극복의 단계는 도전과 변화 과정에서 만나게 되는 갈등과 저항을 극복하고 새로운 성장 모멘텀을 만들기 위한 단계이다.

제5단계는 실패에서 빠져 나오기 위한 회복 극복의 힘을 키우는 단계이다.

계속 발전하고 도전하려는 리더는 필연적으로 실패를 만나게 된다. 이러한 실패를 극복하기 위해서 회복 극복의 힘을 키워야 한다. 요즈음처럼 불확실성 시대에는 리더에게 필요한 것은 '어떻게 하면 실패를 하지 않을까'가 아니라 실패에서 어떻게 하면 큰 대미지 없이 빠져 나오는가이다.

제6단계는 지속 가능성 단계이다.

이 단계는 성공의 경험을 만들어 축적시킨 다음 이를 개인의 성공을 넘어 조직의 성공으로 만들어내어 지속가능성을 확보하는 단계이다.

마지막 단계는 자기경계 단계이다.

성공의 고지에 올랐다고 생각이 들 때 자만에 빠지지 않고 자신을 끊임없이 성찰하고 조심하는 단계이다. 이 단계에서 많은 리더들은 자만과 오만에 빠져 으스대다가 그만 나락하는 경우가 많다.

　리더가 정상을 향해 나아가는 과정에 각 단계마다 아무리 노력해도 팀의 성과가 좋지 않을 때, 구성원과의 관계가 점점 나빠지고 점점 더 자신감을 잃어갈 때, 또한 미처 예상하지 못했던 한계에 부딪칠 때가 많다. 이 때 포기하거나 좌절하지 않고 한 단계 더 나아가려는 노력을 할 때 진정한 최고의 리더가 되는 것이다. 정상에 올라선 톱 리더가 되는 것은 험난한 가시밭길을 가는 것과 같다. 그러나 그 길이 너무 힘들고 고된 길이기에 누구나 갈 수 없다. 그 길을 자신의 숙명과 사명, 그리고 소명의식을 가지고 받아들일 때 통과할 수 있는 길이다.

PART

5

변화를
주도한다

1

창문을 활짝 열고
밖을 바라보라

과거에는 잘 해왔던 성공 방법이 이제는 치명적인 위기의 원인이 되어 성공의 덫으로 변하고 있다. 그 덫에 걸린 많은 리더들은 위기를 맞이하거나 성공을 향한 여정에서 벗어났다. 과거에 통용되었던 방법으로는 통하지 않는다는 것이다. 따라서 방안에 머무르지 말고 창문을 활짝 열고 밖을 바라봐야 한다. 창밖의 세계는 얼마나 변했는지, 어느 방향으로 향하고 있는지 봐야 한다.

창밖이란 조직 내부가 아니라 큰 변화가 일어나고 있는 세상을 말한다. 우리가 방안에서 열심히 일하고 있을 때 바깥세상에서는 큰 변화가 일어나고 있다. 그 변화는 엄청나서 지각변동을 일으키고 있다. 이제는 고객뿐만 아니라 비고객의 움직임도 살펴야 한다. 자신이 종사하고 있는 업종의 동태는 물론 다른 업종의 최근의 동태도 파악해야 한다. 숲에서 나와야 숲이 보인다. 이제 '위기'라는 말은 너무나도 흔한 말이 되었다.

하지만 위기의 본질을 환경의 변화에서만 찾는 것은 무책임한 리더가 말하는 변명에 불과하다. 이런 변명은 리더의 마음속에 어차피 안 된다는 인식을 심어줘 그 굴레에서 벗어 나오지 못하게 한다. 문제의 심각성을 알고 그 문제를 해결하기 위해서는 리더 스스로 조직의 현실을 봐야 한다.

외부의 시각을 통해 객관적으로 자신이 처한 현실을 돌아보아야 한다. 난처하고 모순에 찬 현실을 그대로 보는 안목이 필요하다. 인텔의 부활을 이끈 엔드류 그로브는 스스로 외부인이 되어 기업문화를 바꾸었다.

1985년 어느 날 그는 당시 CEO인 고든 무어를 찾아가 이렇게 말했다.

"만일 우리가 쫓겨나고 이사회가 새로운 CEO를 앉힌다면 그가 맨 처음 무슨 일을 할 것 같소?" 그러자 무어는 서슴없이 이렇게 말했다.

"우리 회사를 메모리 사업에서 손 떼게 할 거요."

그 말을 들은 그로브는 이렇게 제안했다.

"당신과 내가 새로 임명된 CEO가 되었다고 가정합시다. 그래서 옛날 사고방식을 버리고 이 골치 아픈 문제를 해결하는 새로운 접근방법과 새로운 아이디어, 새로운 결심을 하는 새사람이 되는 게 어떻소?"

| 감정적인 집착에서 벗어나라 |

그렇게 한 후 그로브는 수개월 동안 끌어 오던 메모리 사업에서 영원히 손을 떼기로 했다. 그런 후 그로브는 고객들의 반응을 살폈다. 고객들 대부분이 찬성이었으며, 심지어 "진작 그만둬야 하는데 너무 오래 걸렸다."라고 말하는 고객도 있었다. 그때 그는 인텔의 임직원들이 메모리사업을 고수해온 것은 감정적인 집착에 지나지 않았다는 것을 깨달았다. 오히려 인텔과 아무런 관계가 없는 외부 사람들은 인텔이 지금 무엇을 해야 하는지를 좀 더 빨리 알아차리고 있었던 것이다.

이후 그로브는 회사의 성장을 위해 한시도 긴장의 끈을 놓지 않고 외부인의 시각에서 변화를 계속 모색해 나갔다. 즉 세상과 끊임없이 소통하면서 받은 느낌이나 피드백 경험을 회사의 크고 작은 일을 결정할 때 적극적으로 활용했다. 그는 위기가 닥쳤을 때는 CEO가 아닌 경영학자가 되어 자신의 비즈니스를 남의 일처럼 생각하고 시장을 객관적으로 보려고 노력하였다. 그 결과 메모리 반도체는 접고 과감하게 업종을 바꾸는 큰 변화를 이끌어 마이크로 프로세스의 지배자가 된 것이다. 이 시대가 요구하는 리더는 방안에서만 머무르지 않고 눈을 크게 뜨고 창밖을 내다봐야 한다. 하루가 다르게 급변하고 있는 세상을 바라보고 변화에 민첩하게 대응한다.

2

변화의 파도 속으로
들어간다

2011년 3월 11일 일본 동해안을 강타한 강력한 지진 해일과 이어진 쓰나미 때문에 많은 희생자가 발생하였고, 후꾸시마 원자로의 수소폭발로 이어져 지금까지 많은 고통을 주고 있다. 그런데 놀랍게도 이튿날 먼 바다로 밀려갔던 배가 미야기 현에서 발견되었고, 그 배에 승선했던 81명 선원은 모두 구조되었다. 그런데 당시 조업하던 그 배는 급히 항구 방향으로 돌려 힘차게 도망치지 않고 오히려 쓰나미가 몰려오는 방향으로 키를 돌렸다. 만일 항구 쪽으로 방향을 돌렸다면 침몰했을 것이라고 전문가들은 말한다.

쓰나미가 몰려오는 태풍 속으로 방향을 틀었기 때문에 배는 구조되었다는 것이다. 항구 쪽으로 향했다면 수심이 낮은 쪽은 파도가 높았던 탓에 침몰되었을 것이라고 전문가들은 말한다.

역사적으로 보면 위기의 한 가운데에 선택의 길이 있다. 본질을 외면하고 미봉책이나 술수로 대처하면 더 큰 위기가 다가온다. 문제로부터 도망치면 도망칠수록 문제는 더 커지고 더 큰 위기가 닥친다. 그러나 결연한 각오로 문제의 중심, 문제의 근원으로 가면 고통스러울지 모르나 생명은 구조될 수 있다.

이 시대가 요구하는 리더는 변화의 폭풍 속으로 들어가서 문제와 마주하여 결연하게 해결하는 리더이다.

리더는 상황을 정면으로 마주 한다. 디지털카메라라는 쓰나미가 몰려왔을 때 코닥과 후지의 선택, 그리고 스마트폰의 지진이 닥쳤을 때 노키아와 삼성은 서로 다른 선택으로 두 기업의 명운이 갈렸다. 코닥과 노키아는 그 한 번의 쓰나미로 돌이킬 수 없는 상처를 입고 쇠락의 길로 접어들었다.

| 절박함과 간절함이 있어야 한다 |

결국 변하지 않으면 망한다는 얘기다. 위기를 기회로 삼자고 입버릇처럼 외치던 기업들이 재기하지 못하고 망하는 것은 지금까지 익숙한 성공 방법으로 시작한 그 방법으로는 이제는 불가능하기 때문이다.

영국의 최고 스피커 회사인 바우어스 &윌킨스는 아이팟과 아이폰으로 음악을 다운받는 습관의 변화라는 거대한 쓰나미가 몰려왔을 때 위기가 닥쳤다. 당시 대부분의 스피커 제조업자들은 이런 현상을 일시적으로 판단했다. "이런 변화는 오래 가지 못할 것이다. 근사한 디자인과 탁월한 음질로 음악을 즐기던 고급 층은 외면할 것이다." 변화의 심각성을 실감하지 못하고 그저 일시적 현상으로 생각한 것이다. 하지만 바우어스의 리더는 일시적으로 보지 않고 커다란 변화의 물결로 보고 자신의 사업에 대해서 자문했다. 그리고 이렇게 답을 얻었다.

"윌 사어의 본질은 대형 스피커를 만드는 것이 아니라 고객이 좋은 음악을 들을 수 있는 매개체를 만드는 전달자이다."

바우어스는 오디오 시장을 송두리채 흔들고 있는 호랑이 애플 등에 올라탔다. 변화의 태풍 속으로 들어간 것이다. 그리하여 아이폰과 아이팟 스피커를 만들었다. 아이폰을 거치대에 끼우기만 하면 음악이 나오는 제품을 만들어 대히트를 쳤다. 바우어스는 이를 발판으로 제2의 도약을 이룬 것이다.

변화에 대응하기 위해서는 절박함과 간절함이 있어야 한다. 땀과 핏방울을 흘리는 것을 두려워하지 않는 절박함이 있어야 변화를 이룰 수 있다. 변화는 이런 절박함과 간절함이 있어야 진정한 목표가 될 수 있다.이 시대가 요구하는 리더는 바로 이런 간절함과 절박함으로 변화를 주도한다.

3

변화를 통해
성장을 도모하다

　과거에는 변화의 속도가 거의 없거나 느려 리더와 조직은 대부분 안정성을 추구하였다. 과거의 자료에 의거해서 미래를 잘 예측하는 것이 중요하였고, 과거에 효과적이었던 생각과 기법을 계속 사용하였다. 그러나 이제는 변화는 필수적이다.

　앨빈 토플러는 그의 저서〈제3의 물결〉에서 지금까지 우리가 경험하지 못한 정치, 경제, 사회, 문화의 색다른 물결에 대해서 언급하였고, 그러한 물결에 대해서 어떻게 대처해야 되는지를 설명하였다. 그는 1만 년 전 신석기시대에는 수렵에서 농업으로 전환한

제1물결, 영국에서 산업혁명을 시작으로 대량 생산과 핵무기 등으로 전환한 제2물결, 그리고 1950년대 이후 컴퓨터와 인터넷의 정보시대를 제3물결로 규정하였다. 우리는 지금 제3의 물결 속에 살고 있으며, 그에 따른 대비가 있어야 한다는 것이다.

모든 것이 변화하고 있다. 정치가이자 철학자이고, 발명가인 벤자민 후랭크는 "죽음과 세금을 빼놓고는 확실한 것은 없다."고 하였다. 이렇게 급속도로 변화하는 시대에 많은 리더와 기업은 그 변화에 부응하지 못하여 쇠퇴하거나 역사 속으로 사라졌다. 이런 와중에 변하는 세대에 재빨리 부응하여 성장의 기회로 삼은 리더와 기업도 있다.

1981년 세계 최고 경영인으로 꼽히는 잭 웰치는 제너럴 일렉트릭사에 역사상 최연소 회장으로 취임하였다. 잭 웰치는 취임하자마자 사람들이 상상조차 할 수 없는 새로운 방식으로 GE를 변화시켰다.

당시 GE는 직원이 40만 명이나 되는 거대한 조직이었으나 세계 기업 중에서 가장 복잡한 기업이었다. 40만 명이나 되는 직원은 잭 웰치에게는 가장 먼저 풀어야 할 숙제였다. 그는 제일 먼저 조직의 혁신을 도모하기로 결심하고 당시에는 생소한 구조 조정의 칼을 빼들었다. 주저 없이 10만 명이나 되는 많은 인원을 해고하는 초강수를 띄웠다. GE를 변화시키기 위해 만만치 않은 저항을 무릅쓰고 구조조정을 단행한 것이다. 그는 직원만 해고한 것이 아니라 300개가 넘는 회사를 핵심부분 10여 개만 남기고 정리했다.

| 새로운 경영 전략으로 변화를 유도하다 |

잭 웰치는 계속해서 '6시그마', 'e비즈니스', '세계화' 등 새로운 경영 전략을 개발하여 그 전략으로 GE를 변화시켰으며, 변화하는 세계 흐름을 기업 경영에 반영해 '역 멘토링'이라는 제도를 도입했다. 이것은 신입사원이 기존 사원으로부터 교육받는 것을 탈피해 디지털 문화에 익숙한 새로운 사원이 기존의 사원을 교육시키는 역발상이었다.

잭 웰치가 단순히 기업 이익만을 바라보고 이런 변화를 시도했다면 성공하지 못했을 것이다. 그는 다른 어떤 가치보다 '성장'에 초점을 맞추었으며, 그가 시도한 변화는 그런 성장에 이르기 위한 하나의 길이라 볼 수 있다.

그런 변화의 덕분에 잭 웰치가 취임한 20년 동안 385%나 성장했으며, 2001년 CEO자리에서 물러났을 때 GE의 자산 가치는 무려 4,500억 달러에 달했다.

2001년 GE에게 또 한 번의 위기가 닥쳤다. 2001년 9.11 테러로 인해 GE 보험 사업부는 단번에 6억 달러나 되는 손실을 입었다. 잭 웰치로부터 GE를 물려받은 제프트 임멜트는 설상가상으로

dot.com의 거품이 꺼지면서 더욱더 위기에 몰렸으나 그는 공격적인 자세로 위기를 돌파하기로 결정하였다. 그는 먼저 현재 수익성이 있더라도 미래에 사업 전망이 없는 사업부를 매각하기로 결정하였다. 철저하게 미래를 내다보는 의사결정이었다. 그리고 미래에 성장이 가능한 분야를 파악했다. 그리하여 완전히 미래지향적인 GE의 본성이 나오게 된 것이다. GE는 환경, 에너지, 의료 사업 등에 진출하였다. 웰치로부터 1등이 아니면 철수한다는 원칙을 지킨 것이다. 그 이후 2001년부터 2007년까지 연 8% 이상 매출액이 증가하였다. 그리고 수익도 11% 정도 증가하였다. 거기서 끝난 것이 아니라 GE는 미래의 성장에 중점을 두고 변화하는 상황에 따라 신속하게 대응하여 그 변화를 따라가고 있다. 2008년 금융위기가 터지자 GE는 재빨리 본업인 제조업에 충실하기로 방향을 다시 재조정했다.

변화는 많은 사람들로부터 비난받을 가능성이 높다. 많은 사람들의 사활과 밀접한 관계가 있기 때문이다. 변화는 그만큼 위험한 판단이고 비난받을 수 있는 결정이다. 따라서 이 시대가 요구하는 리더는 이런 변화를 시도할 때 정말로 순수한 의도에서 비롯되었고, 좋은 결과를 가져올 수 있다고 확신할 수 있을 때에만 시행한다. 결국 리더는 변화를 도모할 때 불변의 가치를 위함이라는 대의명분이 있어야 한다.

4

지속적인 변화를
도모하다

물리학에 반감기半減期라는 용어가 있다. 어떤 개체에서 방사성 원소가 내뿜는 방사선이 절반으로 감소되는 데에 걸리는 시간을 말한다. 이 용어는 물리학 외에도 많이 사용되고 있다. 학생이 대학을 졸업할 때 그동안 배운 지식의 절반이 무용지물이 되는 시간을 말할 때에도 사용한다. 일반적으로 전기공학도의 반감기는 18개월, 마이크로소프트의 쇼프트 웨어 코드 반감기는 4개월, 경영학을 배운 학생들의 반감기는 3년 정도로 보고 있다. 이런 반감기를 알고 있는 탁월한 리더들은 변화에 적용하여 반감기가 지나기 전에 또다시 새로운 변화를 도모하고, 시대에 부응하여 변화를 지속적으로 주도하고 있다.

미국의 백화점 왕 존 워너메이커는 소년 시절 어느 날 손수건을 들고 가게로 갔다. 어머님 생신 선물로 산 손수건이 마음에 안 들어 교환하려고 찾아간 것이다.

"이 손수건 어제 샀는데, 바꿀 수 있어요?"

그러자 손수건을 힐끔 쳐다보던 주인은 한 마디로 거절했다.

"이미 산 물건을 다른 걸로 바꿔달라고? 그건 안 되지."

존 워너 메이커는 실망해서 가게에서 나왔다. 그러면서 마음속으로 '내가 나중에 가게를 하면 바꿔주겠다.'고 다짐했다.

그 후 열세 살이 된 존 메이커는 옷가게 점원으로 일했다. 그 곳에서 일하면서 푼푼이 돈을 모아 몇 년 뒤 점포를 열었다. 그는 가게를 운영하면서 어렸을 때 손수건을 교환하러 갔을 때의 결심을 결코 잊지 않고, 손님이 원하면 팔았던 물건도 교환해주는 마케팅 원칙을 세웠다. 그 당시로는 상상도 못할 판매방법의 변화였다. 그것으로 끝나는 것이 아니라 정가 판매, 품질 표시, 현금 거래, 반품과 교환 허용이라는 판매 전략의 지속적인 변화를 도모하였다. 이런 변화는 그 당시로는 완전히 새로운 것이었고, 신선한 충격을 주었으며, 업계에 새로운 바람을 일으켰다.

존은 여기서 변화를 중단한 것이 아니라 사업이 본 궤도에 오르자 다시 새로운 변화를 도모하였다. 즉 광고였다. 그 누구도 매체를 통한 상업 광고는 생각지도 못한 시절에, 신문광고와 포스트는 물론 애드벌룬을 이용한 옥외광고를 했으며, 사람들의 왕래가 많은 거리에 대형광고판을 걸어 사람들의 이목을 끌었다. 당시 장사하는 사람들에게는 듣지도 보지도 못한 기발한 아이디어로 판매에 새로운 변화를 가져와 사람들에게 신선한 충격을 주었다. 그 결과 사업이 번성함은 물론이다.

1896년 존 워너 메이커는 미국 최초로 뉴욕에 '존 워너메이커 백화점'을 열었으며, 오픈 당시 미국 대통령이 참석하는 영광을 누렸다.

| 불변의 가치를 위한 지속적인 변화 |

존 워너 메이커는 변화를 한 번으로 끝낸 것이 아니라 지속적으로 주도했다. 그러나 그의 변화에는 자신을 위한 것이 아니라 '고객 만족'이라는 불변의 가치가 있었다.

사실 존 워너 메이커가 돈만 벌기 위해서라면 최소한의 홍보만 하고 판매 효과를 기대했을 지도 모른다. 또한 정가 판매, 품질 표시, 반품과 교환 같은 판매 방법의 새로운 변화를 시도하지 않았을 것이다. 이런 방법은 반드시 수익을 위한 수단이라고는 볼 수 없기 때문이다.

‘고객 만족’은 타인의 의도를 파악하여 그 사람을 만족시키는 일을 먼저 해야 하고, 그 다음에는 그 사람의 마음을 헤아리는 배려에서 출발된다. 따라서 리더가 그러한 마음이 없다면 어떤 변화도 성공하지 못한다.

세상은 하루하루가 다르게 변하지만, 리더가 그 변화를 이끌어가기 위해서는 불변의 가치가 있어야 성공할 것이다. 그래야만 모두에게 유익한 변화를 추구할 수 있기 때문이다.

5

변화는
이 시대의 필수이다

변화가 불가피하다고 인정하는 것과 변화가 필수라고 믿는 것 사이에는 엄청난 차이가 있다. 변화가 불가피하다고 인정하는 리더는 어쩔 수 없이 받아들이기 시작하고, '변화가 일어나고 있는데, 내가 어떻게 해야지' 하는 반응을 보이며, 마지못해 변화를 시도한다.

그러나 변화가 필수라고 생각하는 리더는 맨 앞에 서서 상황을 주도하고 '나는 변화를 일으킬 거야. 그래야 우리 조직을 발전시킬 수 있어.'라고 생각하고 변화를 주도한다.

이런 리더들은 미래를 내다보는 통찰력이 있다. 변화하지 않으면 자신은 물론 조직이나 기업이 어떤 상황을 맞이하는가에 대한 안목이 있다. 또한 변화에 대한 확고한 청사진을 그리고 있다.

| 성장의 필수조건, 변화 |

성장을 기대하는 리더에게는 변화는 필수다. 변화 없이 성장할 수 없기 때문이다. 리더가 오늘보다 더 나은 내일을 위해 일을 한다는 것은 그 자체만으로도 오늘 뭔가를 배우고 발전시켰다는 의미다.

아랍 에미르트 연합의 수도 아부다비에서 루브르 박물관을 유치하였다. 루브르 박물관은 유물과 전시품들을 30년간 임대해주면서 로열티로 9억4천5백만 유로를 벌어들인다. 이제는 박물관도 수출하는 시대이다. 소르본 대학 등 세계 유명대학들의 분교를 끌어들이기 위해 분주하게 움직였다. 지식 정보시대가 열리면서 문화, 교육 아부다비가 이러한 변화를 시도하게 된 것은 바로 옆에 있는 두바이의 영향 때문이다. 60년 전 70년 전만 해도 진주잡이를 하면서 생계를 꾸려가던 가난한 어촌 마을에 불과했던 두바이는 20세기 들어서 세계의 주목을 받기 시작했다.

1966년 두바이에 석유가 발견되었을 때 그 나라 사람들은 정부가 그 돈을 국민들에게 모두 나누어 주기를 기대했다. 그러면 자신들의 생활이 나아질 것으로 믿었다. 그러나 당시 두바이의 왕이었던 세이크 라시드는 국민들의 요구를 받아들이지 않았다. 그리고 이렇게 말했다.

"아니다. 앞으로 석유가 고갈되면 그럼 그 때 가서 어떻게 살 것인가?"

국민들의 기대와 달리 그 돈을 국민들에게 나누어주지 않고 항구사업에 투자하였다. 즉 두바이를 물류의 중심, 관광의 중심, 교육의 중심으로 삼겠다는 비전에 투자하기로 결정한 것이다. 그의 아들 세이크 무하마드도 아버지의 비전을 이어받아 두바이의 혁신을 이끌었다.

그때까지 석유를 판 돈으로 흥청망청 썼던 주변 산유 국가들도 자극을 받아 변화하기 시작했다. 현대 사회의 가치는 문화, 교육, 관광 등 소프트웨어에 있다는 것을 깨달으면서 새롭게 변화한 것이다.

세이크 라시드는 뛰어난 통찰력의 소유자였다. 미래에 일어날지 모르는 가능성을 내다보는 안목이 있어 많은 사람들이 예측하지 못한 일이 일어날 가능성을 바라보고 그에 대한 청사진을 그린 것이다.

세이크 라시드는 또한 결단력이 있었다. 자신이 생각하고 결심한 일을 어떤 방해가 있어도 해내고 마는 결단력이 있었다. 이 시대가 요구하는 리더는 이런 통찰력과 담대한 결단력을 소유한 리더이다.

6

변화로
위기를 극복하다

    세계 최대 필름회사인 일본의 이스트먼 코닥이 디지털카메라의 등장으로 나락하여 2012년 법원에 파산신고라는 최악의 사태를 맞이하여 무너지고 말았다. 반면에 라이벌이던 후지필름은 승승장구하였다. 디지털 카메라의 등장이라는 똑같은 상황을 맞이했지만 두 회사의 운명은 달랐다. 위기를 극복하고 더욱 발전하고 성장한 회사 그 이면에는 탁월한 리더 고모라시케타古森重隆 회장이 있었다.

    고모라 회장은 위기가 닥치자 변화의 방법으로 구조조정이라는 극단적 방법으로 끝나지 않고 기존 필름 기술을 활용할 수 있는 방안을 모색했다. 의료용 엑스레이를 비롯해 재생의료, 디스플레이 재료, 복합기 프린터 등과 연결된 솔루션 서비스 사업에 뛰어들었다. 결과는 대성공이었다.

| 새로운 경영방식을 고안하다 |

고모라는 기존의 기술이나 자료를 활용하는 데에 그치지 않고 신사업 발굴에 이어 위기 상황을 극복할 새로운 경영방식을 고안해냈다. 즉 계획하고, 실천하고, 확인하고, 조처하는 전통적인 경영방식을 탈피하였다. 그리하여 계획을 세우기 전에 먼저 상황을 자세히 살피고 생각해야 한다는 경영 방식을 개발했다. 계획을 세우기 전에 먼저 생각부터 하라는 것이다. 생각 없이 계획을 세웠다가 다시 수정하는 우를 범하지 말고 먼저 깊이 생각한 후에 계획을 세우고 움직이라는 것이다. 이런 방법을 통해서 경영이 신속히 운용되었다.

고모라 회장이 시도한 변화로 회사는 더 탄탄한 회사로 진화되었고, 2017년 매출 2조4천334억 엔(약 24조억 원)에 영업이익 1천307억 엔(약 1조3천억 원)의 역대 최고 기록을 거뒀다.

고모라 회장은 급변하는 상황에서 미지에 대한 영역에 대한 도전을 하여 성공을 거둔 것이다.

고모라 회장을 비롯해서 탁월한 리더는 모두 공통된 한 가지 관점을 가지고 있다. '더 많이' 본다는 점이다. 그들은 또한 다른 사람들보다 '먼저' 행동하고, '더 많이 일한다.' 그들은 불확실성과 의심을 정면으로 마주하고, 두려움없이 그곳으로 나아가 다른 사람이 갈 수 있도록 길을 만들고 포장한다. 그들은 다른 사람들보다 먼저, 때로는 더 많이 대가를 치르기 때문에 '나를 따르라'는 당위성을 가질 수 있다.

위대한 리더라고 보통 사람들이 가지고 있는 인간적 결함을 지니고 있지 않다는 것은 결코 아니다. 그들도 똑같은 인간이므로 결함도 있고 단점도 있다. 그러나 그들은 그것을 극복하고 리더로서의 위치에 선 것이다.

리더가 어렵고 도전적인 시기에 힘들게 앞장서는 것은 특권이 아니라 그들이 치러야 할 비용이다. 먼저 보고 앞장서서 구성원들을 이끌고 정상으로 나아가는 대가이다. 정상으로 가는 길에는 엘리베이터는 없다. 오직 한발 한발 디디고 올라가야 하는 계단이 있을 뿐이다. 리더가 그 길을 찾아내어 실례를 만들어낸다. 고모라 회장은 사업에서, 경영에서 그 실례를 만들어낸 것이다. 이 시대가 요구하는 리더는 고모라 회장처럼 많이 보고, 먼저 행동하는, 선구자인 리더이다.

7

질문과 경청으로
변화를 도모하다

IT업계 세계 최고 기업으로 군림하던 마이크로소프트가 2010년대에 들어서서 최대 위기를 만났다. 모바일 시장이 폭발적으로 증가한 탓에 PC 시장이 급속히 위축되어 위기를 만난 것이다. 마이크로소프트는 그 위기를 극복할 방법을 찾지 못하고 전전긍긍하였다. 빌게이츠 다음으로 CEO를 맡았던 스티브 발머는 그 책임을 지고 2014년 초에 물러나는 일이 벌어졌다.

발머 다음으로 CEO를 맡은 사람은 의외로 마이크로 소프트에 신입사원으로 입사하여 22년간 근무하고 있던, 이민자 출신 엔지니어 사티아 니델라였다.

니델라는 질문과 경청을 통해서 변화를 도모했다. CEO에 취임한 뒤 곧바로 임원들에게 다음과 같은 질문을 던졌다.

"마이크로소프트가 존재하는 이유가 무엇이라고 생각합니까?"

대답을 하자 다시 질문이 이어졌다.

"기업의 구성원은 무엇을 위해 일해야 합니까?"

직위, 소속 관계없이 만나는 사람마다 붙잡고 질문을 하고 그 대답에 귀를 기울였다.

질문을 받은 직원들은 대부분 이렇게 대답했다.

"우리는 경쟁자를 쫓는 데 급급하지 않고 다시 한 번 선두에 서고 싶으며, 명확하고 구체적인 비전을 갖고 싶습니다."

니델라는 직원들과의 끊임없는 질문과 경청을 통해 마이크로소프트가 당면한 문제가 무엇이며, 그 문제를 어떤 방향으로 해결해야 하는가를 깨달았다. 질문을 통해 변화의 목표를 파악한 니델라는 마이크로 소프트를 모바일 크라우드 기업으로 변모시켰다. 그 다음으로 플랫폼 비공개주의 등 폐쇄적인 기업문화를 '개방'을 목표로 대부분 뜯어 고쳤다. 그 결과는 놀라웠다. 니델라가 취임한 이후 2014년 마이크로소프트의 주가는 60%나 상승했다.

| 질문을 통해 사명을 깨닫게 하다 |

그뿐 아니다. 니델라는 질문과 경청의 과정을 통해 패배 의식에 젖어 있던 직원들에게 열정과 사명감을 불어 넣었고, 관성에 빠진 조직문화를 쇄신시켰다. 또한 직원들이 직위 고하를 막론하고 각자의 사명을 새롭게 깨닫게 하는 작업도 벌였다.

니델라는 질문을 통해서 구성원들이 자신의 정체성을 깨닫는 기회를 주었고, 경청을 통해서 회사에 대한 직원들의 인식을 알게 되었다. 질문은 구성원들에게 기회의 문이 된다. 호기심 많은 사람들은 상상력 있는 사람들이고, 질문은 곧 상상력과 창의성을 발휘할 수 있는 기회의 문이기 때문이다. 질문을 받으면 그 질문에 대한 해답을 찾기 위해 호기심과 상상력이 발동되며, 이것이 기회를 찾아내기 때문이다.

리더는 질문을 하기 전 문제에 솔직해야 한다. 여기에는 하기 어려운 대화도 포함된다. 문제가 직원들과 관련이 있을 때는 대화하기가 어렵다. 그러나 탁월한 리더는 절대로 미루지는 않는다. 미룰수록 대화하기가 어렵고, 솔직하게 말하기는 더 어렵기 때문이다. 그 결과는 해결되지 않고 남겨진 문제만 눈덩이처럼 불어나고, 더 커지며, 가속도가 붙어 빨리 커진다. 더 나아가서 해결되지 않고 남겨진 문제는 내적 붕괴를 불러온다. 또한 몰입도 감소의 효과가 발휘하여 지금 해야 할 뭔가를 미룰수록, 그 일을 하지 않게 될 가능성이 커진다. 리더에게는 '언젠가'는 없다.

리더는 직원들과 대화를 나누기 전에 반드시 자문해야 한다. "이 어려운 대화를 하도록 만든 문제의 근원은 무엇인가? 내부적인 문제인가, 아니면 외부적 문제인가, 나 자신에게 있는가?" 그 사안이 외부적 문제라면 풀기 쉽다. 구성원들의 자세나 행동과 관련된 문제라면 다소 어려워진다. 문제의 근본 원인이 리더 자신에게 있으면 외부 사람을 만날 필요가 없다. 그저 그러한 사실을 인정하고 리더 자신을 고치면 된다. 만약 세 가지 요소가 결합되어 있다면 그 문제는 복잡하고 무척 어려워진다.

리더는 어떤 종류의 문제이든 구성원들과 질문과 경청, 솔직한 대화를 통해서 해결해야 하며, 동시에 직원들과 조직이 문제를 잊고 새로운 시대에 부응하고 변화하여 새로운 일에 도전하도록 고취시켜야 한다. 그것이 리더의 의무이기도 하며, 이 시대가 요구하는 리더이기도 하다.

8

고객을 위한 변화

멕시코의 시멘트 제조업 '시멕스'의 CEO 로렌조 잠브라노는 집안이 가난하여 어린 시절부터 공장에 다녔다. 그는 다른 공장 직원과 달리 일하면서 기술만 배운 게 아니라 사업과 경영에도 관심을 가지고 배우려고 노력한 끝에 부분적이나마 눈을 떴다. 그는 장성하자 경영을 배우고자 미국 스탠포드대학에서 경영학원에 입학하여 석사 과정을 마치고 귀국하여 시멕스의 CEO가 되었다.

그 당시 시멕스에는 각각 자주권을 가진 6개 공장이 있었다. 그리하여 제품을 생산해서 고객에게 전달하기까지는 일일이 공장

별로 의견을 조율해야만 하는 불편한 시스템으로 운용되고 있었다. 따라서 하나의 제품을 생산해서 고객에게 전달하는 과정에 불편한 점이 많았다. 당연히 일 처리의 속도가 느리고 고객에게 약속한 날짜를 지키지 못하는 일이 많았다.

게다가 주문양이 변경될 경우 공장별로 조율이 제대로 이루어지지 않아 납품 일자를 제대로 지키지 못하는 일이 자주 일어났다. 그러나 회사의 어느 누구도 그런 문제에 대해서 관심을 두지 않았다. 당연한 것으로 받아들였다.

CEO로 취임한 로렌조는 그로 인한 고객들의 불편에 눈을 돌렸다. 회사의 가장 큰 문제가 고객들과의 약속을 지키지 못하는 것임을 알았다. 고객에게 계속 약속을 지키지 못하는 것은 불합리하다고 생각했다. 회사의 다른 임원들은 불가피하고 당연한 것으로 받아들이지만 로렌조의 생각은 달랐다. 무엇보다도 고객과의 약속을 지키지 못한 것을 용납할 수 없었다. 로렌조는 기본에 충실하기로 결심했다. 그리하여 불합리한 납품시스템에 변화를 도모하기로 결심했다.

로렌조는 새로 영입한 최고 기술경영자 제랄시오 이니구에스, 그리고 모든 임원들과 함께 당시에는 누구도 생각지 못한, 시멕스의 모든 공장을 하나로 연결하는 인공위성 통신시스템 '시멕스넷'을 구축했다. 그리하여 각각의 공장들이 수요와 공급에 대한 정보를 공유할 수 있게 되었다.

그뿐 아니라 GPS 기술을 도입하여 GPS 수신기를 정착한 배달 차량과 중앙 통제소를 직접 연결하는 DOS라는 시스템을 구축했다. 이러한 시스템 덕분에 운영센터에서는 각기 차량의 속도와 위치 등을 모니터링 할 수 있어 지정된 공장이 아닌 배달 차량 현지에서 가장 가까운 위치에 있는 공장의 물품을 적재할 수 있게 되었다.

이러한 혁신적인 시스템을 통해서 고객과의 약속 시간을 98% 지키는 놀라운 성과를 내었다. 이 모든 게 사업의 기본이 되는, 고객과의 약속을 중시하는 리더 로렌조의 생각과 행동 때문이다.

| 작은 약속도 무겁게 생각하라 |

작은 약속이라도 무겁게 생각하고 지키려는 노력은 리더가 반드시 해야 할 덕목이다. 로렌조는 이렇게 약속을 지키려고 한 것은 고객과의 약속 이행은 기업과 리더에게는 너무나도 당연한 가치로 생각하기 때문이다.

고객과의 약속을 지키기 위해서 기업의 재정에 부담스러울 정도의 새로운 시스템을 구축하는 것은 어리석은 일이라고 말할 수도 있다. 그러나 시멕스를 통해서 알 수 있듯이, 고객과의 약속을 지키기 위한 투자는 의외로 놀라운 결과를 가져 온다. 시멕스는 이런 변화 덕분에 1994년 멕시코 IMF 외환위기가 닥쳤을 때 거뜬하게 위기를 극복하였고, 현재는 글로벌 기업으로 인정받고 있다.

많은 사람들이 흔히 '약속과 신뢰'라는 불변의 가치를 쉽게 도달하기가 어렵다고 생각한다. 그러나 탁월한 리더는 일단 그 가치에 도달하려고 노력하기로 마음만 먹는다면 그 가치를 실현하기 위한 여러 아이디어가 수없이 떠올라 자신도 놀란다고 말한다. 리더는 그 아이디어를 두려움 없이 실행하여 변화를 도모한다.

미래가 다가오는 주기는 짧아졌다. 그리하여 예전에 세웠던 10년 장기 계획, 5년 중기 계획, 2년 단기 계획 같은 일은 이제 터무니없는 일로 되어버렸다. 기술과 제도가 무척이나 빠르게 바뀌어서 모든 것이 짧은 기간 내에 진행되고 있다. 이러한 시대에 리더는 꾸물거리거나 평가에 오랜 시간을 허비할 수 없다. 변화하고 현재 상황을 재독하고, 다시 변해야 한다. 그리고 계속 변화해야 한다. 그러나 약속과 신뢰라는 불변의 가치는 변함없이 지켜야 한다. 이런 리더가 이 시대에 더욱 요구되는 리더이다.

9
변화를 거부하는 이유

한 때 세계를 호령하였던 기업들이 역사 속으로 사라지고 있다. 그들 기업들과 리더가 변화의 중요성을 인지 못하고, 혁신을 게을리 했기 때문이다. 일본 학자 시비타와 카네다는 변화에 대해서 다음과 같이 말했다.

"변화란 국제화 시대의 변화 속도에 대응할 수 있는 유연성을 가지고 경쟁력과 높은 수익성을 겸비한 기업으로 바꾸어 가는 것을 의미한다."

따라서 이제는 기업과 그 기업을 이끄는 리더는 변화를 거부해서는 안 된다. 변화에 적응하지 못하는 리더는 그 자리에서 물러나게 된다.

빅 블루Big Blue라는 별명을 가진 IBM은 1970년부터 1980년 초까지 세계 최고의 컴퓨터 기업으로 군림했으나 1980년 후반기부터 점차 기울기 시작하여 1994년에 파산 직전에 이르렀다. 이렇게 몰락하게 된 이유는 여러 가지 있겠으나 무엇보다도 가장 주된 이유는 변화를 거부한 것이다. 사업 환경이 바뀌었는데도 불구하고 현실을 직시하지 못하고, 미래 대비에 소홀했던 것이다. 즉 대기업병에 걸린 것이다. IBM은 오만하였고, 자만심에 빠져 있었다. 특히 당시 CEO인 존 에커는 사업의 연속성을 강조하며 변화를 거부했다. 그러다가 1990년 초 디지털 에퀴피먼트, 콤파크에 시장 점유율을 상실하고 말았다.

많은 리더들은 변화의 필요성에 공감한다. 리더는 어느 누구나 변화를 해야 한다고 말한다. 그런데 실제로 변화를 도모하는 리더는 많지 않다. 변화를 좋아하는 리더는 아무도 없다. 변화가 말로는 쉬워도 행동으로는 상당히 어렵기 때문이다. 그리고 어떤 형태의 변화는 고통을 수반한다.

| 변화를 거부하는 5가지 이유 |

리더가 변화를 거부하는 이유는 여러 가지 있으나 몇 가지 핵심적인 이유는 다음과 같다.

첫째, 인간은 원래 변화를 좋아하지 않는다.

특히 리더는 기존의 사고, 습관, 방법에 얽매여 하던 그 방식을 좋아하며, 그 방법으로 오늘날까지 성공을 가져왔기 때문에 그것을 고수하려고 한다. 그리하여 리더들은 기존의 방식이 잘못되었다는 것을 인정하지 않는다.

둘째, 변화는 고통을 수반한다.

자기의 일이 없어질 수 있다. 리더의 위치를 잃을 수 있다. 변화의 성패는 모두 리더의 몫이기 때문에 그 책임을 져야 한다. 그래서 변화를 두려워한다.

셋째, 변화는 시간을 요구한다.

변화는 과정이므로 시간이 필요하다. 미래에 대한 확신이 없으면 변화가 어렵다. 특히 현재에 적응하는 데에 소요되는 시간이 길수록 변화에 걸리는 시간도 길다.

넷째, 핵심변화 요소에 대한 공감대가 조직 내에 형성되지 않았기 때문이다.

변화가 필요한 것은 인정하면서도 무엇이 중요한지는 구성원들 간에 생각이 다르다.

마지막으로, 구성원들이 변화는 밑져야 본전이라는 생각을 가지고 있다.

변화가 성공하여도 벌을 받고 실패하여도 벌을 받는다는 생각으로 사람들이 변화에 능동적으로 대하지 않기 때문이다.

따라서 탁월한 리더는 변화의 어려움을 이해하고, 왜 변화가 필요한지, 그리고 변화로 인해 어떤 결과가 오는지 설명하고 납득시키는 노력을 게을리 하지 않는다. 그러나 대부분의 리더들은 그런 과정이 싫고, 게을리 하기 때문에 변화를 거부한다.

오늘날처럼 격변하는 시대에 변화하지 않는 리더와 그 조직은 새로운 패러다임에 적응하지 못하기 때문에 시장에서 살아남을 수 없다. 그러므로 탁월한 리더는 변화를 도모한다. 그것도 남보다 빨리 한다. 급변하는 상황에 맞게 신속한 변화를 도모하는 리더, 이 시대가 요구하는 리더이다.

또 변화는 위기에 닥쳤을 때만 하는 것이 아니다. 위기에 닥쳤을 때는 변화가 이미 늦은 것이다. 조직이 만신창이 되고, 고객이 버린 조직에 변화를 하는 것은 아무런 의미가 없다. 그러므로 탁월한 리더는 기업이 잘 나갈 때 지속적으로 추구한다. 이것은 경영의 패러다임이 꾸준히 변하고 있기 때문이다. 이것은 역사가 증명하고 있다.

PART

6

훌륭한 리더의
품격

1

품격은
마음의 여유에서 나온다

크고 작은 조직의 리더들 대부분은 중요한 결정을 내릴 때 논리보다 직관을 따르는 경향이 있다. 직관이 지시하는 대로 결정하고 나서 논리로 그것을 합리화 한다. 리더들 뿐만 아니라 많은 사람들이 그렇게 하는 것은 인간의 뇌가 그렇게 움직이기 때문이다. 직관에 따라 신속하게 결정을 내리는 것은 나쁘다고만 말할 수 없다. 그러나 훌륭한 리더는 결정을 내릴 때 뇌의 움직임에 의해서 그렇게 결정한다는 것을 인식하고 직관과 논리와의 균형을 잡도록 노력한다. 노력의 일환으로 '내 결정이 틀릴 수 있다는 것'을 받아들이고, 자기마음과 직관을 객관적으로 검증해 본다. 그렇지 않고 주관적인 직관에만 의존해서 판단하고 결정하면 그 판단과 결정이 시대에 뒤떨어진 것이 될 수 있다.

치열하게 노력해서 힘들게 리더 자리에 오른 사람일수록 실패에 대한 두려움이 크다. 후배들에게 뒤처지면 어쩌나 하는 불안도 느낄 수 있다. 그러면 뇌가 불안과 두려움을 느끼는 대로 움직이고, 그 움직임에 따라 뇌가 판단하려는 경향이 강해서 방어기가 작동한다. 그리하여 부하들의 말에 귀를 기울일 여유를 잃어버리고, 후배들이 가지고 있는 능력과 가치를 무시해버리게 된다. 정상을 향하는 궤도에서 이탈할까 전전긍긍하다가 변화와 도전에 멀어지게 되고, 아랫사람들과 소통할 줄 모르는, 고집스러운 리더가 되고 만다.

사회심리학자 조너던 하이트 교수는 그의 저서 〈바른 마음〉에서 인간의 마음에 대해서 다음과 같이 말했다.

"인간은 각자 자기 마음속에 변호사를 가지도록 진화되었다. 그리하여 남을 기소하고 자신을 변호하는 데에 더 능숙하다."

사람의 뇌는 자신을 변호하는 역할에 무게를 두고 진화했다는 것이고, 그리하여 진실보다는 평판이 생존을 더 중요하게 생각한다고 말했다. 그래서 뇌는 자신을 보호하고 방어하는 데에 더 많은 에너지를 사용하게 된다는 것이다. 어떤 문제가 발생했을 때 리더가 그 책임을 구성원들에게 돌리는 것도 그러한 방어 본능이 작용하기 때문이라고 말한다.

| 균형감각이 필요하다 |

리더가 자신을 지켜주고, 변화시키는 역할도 중요하지만 여기에도 균형이 필요하다. 자기 마음을 감싸 안아주는 동시에 부하들이나 구성원들과의 연결과 소통을 통해 자신을 객관적으로 바라보고 수용하는 일도 해야 한다는 것이다.

리더는 최선을 다해 노력하며 살아왔고, 여러 가지 경험을 쌓아 내면에 수많은 논리와 느낌이 있을 테니까 방어본능이 작용하는 것도 이해가 된다. 하지만 그러한 자기 마음을 인식하고 균형을 잡으려고 노력하지 않는다면 최고의 리더가 될 수 없으며, 바라고 있는 더 높은 자리의 리더가 될 수 없다.

젊은 구성원들을 향한 부정적인 해석은 잠시 뒤로 물리치고 객관적으로 바라보는 논리에 따라 판단하는 시간을 갖는 것이 필요하다. 자기 내면과의 대화를 통해 마음의 프레임을 점검하고 긍정적으로 전환해 가는 과정을 통해 새로운 변화와 도전의 원동력을 얻을 수 있을 것이다.

"겸손해야 배울 수 있다."는 말이 있다. 리더는 겸손한 자세가 바탕이 되어야 마음의 균형을 통해 긍정적인 관점에서 새로운 변화에 신속히 대응하고 더 높은 지리에 앉아 있는 리더가 될 수 있을 것이다. 그렇게 될 때 이런 이 시대가 요구하는 것이 무엇인지 깨닫고 그것을 이행할 수 있는 리더가 될 수 있다.

2

인생 선배의 금기 사항 3가지

리더가 되는 과정은 보통 먼저 직장의 선배가 된 후 차츰 성장하여 리더의 자리에 앉게 된다. 선배로서 처신이나 행동을 잘못하여 낙오가 되어 정상을 향한 궤도에 낙마하지 않기 위해서는 우선 선배로서 올바른 행동을 하여 후배들의 모범이 되어 그들의 마음부터 사야 한다.

일본의 유명한 만화가 야마다 레이지山田玲司는 10년간 시회적으로 영향력 있는 유명인사 100명을 만나 '마음으로 존경하는 인생 선배의 공통점이 무엇인가?'에 대해서 인터뷰한 내용을 발표했다. 야마다 레이지는 존경하는 인생선배의 공통점은 다음 세 가지라고 말했다.

| 훌륭한 인생 선배의 공통점 |

첫째, 불평하지 않는다.

선배들이 삶에 도움이 되는 말이라고 하면서 후배들에게 자신의 불평을 늘어놓는 경우가 많다. 이런 조언을 듣는 후배들은 감사함보다 짜증이 생길 수밖에 없다. 긍정적인 에너지를 주는 면에서는 잔소리지만, 선배 입장에서는 자신의 노하우를 알려주고 싶은 욕구에서 나온 조언일 수 있다. 그 말이 비록 후배를 생각하는 마음에서 나온 잔소리일지라도 후배 입장에서는 참기 어려운 법이다. 자칫하면 이런 잔소리는 후배들에게는 물론 자기 자신에게도 부정적인 영향을 줄 수 있다. 따라서 직장에서 후배들로부터 존경받는 인생 선배들은 어떤 형태의 불평이라도 하지 않는다.

둘째, 잘난 척하지 않는다.

'잘난 척하기'의 대표적인 것은 "내가 너희 때는 말이야" 하는 식의 말이다. 야마다 레이지는 선배들의 이런 말 속에는 열등감이 내포되어 있는데, 이것을 위로받고 싶어서 이런 말을 입버릇처럼 한다고 지적한다. 후배에게도 배울 수 있는 겸손함을 지닌 선배들은 잘난 척하지 않는다. 그러므로 존경받는다.

셋째, 기분 좋은 상태를 유지한다.

선배는 자기 기분이 좋지 않더라도 후배에게는 낙관적인 모습을 보여 주도록 노력해야 한다. 사람은 누구나 긍정적인 에너지를 주는 사람에게 호감이 가고 끌린다. 따라서 기분 좋은 상태를 유지하는 선배들은 좋은 후배들과 끈끈한 인적 유대를 형성하는 보너스를 받을 수 있다.

겸손한 마음으로 불평이나 잔소리를 하지 말고 항상 기분 좋은 상태를 유지하는 선배가 되어야 한다. 존경받는 선배가 되기가 어렵지만, 선배로서 정체되어 있지 않고 지속적으로 성장하여 최고의 리더 자리에 오르기 위해서는 힘들어도 노력해야 한다. 자신이 존경받고 있는 선배로서 행동하고 있는지 자기경계를 게을리 하지 않는다면 좋은 선배로서 후배들의 마음을 얻을 수 있고, 선배가 최고의 리더에 오르기까지 후배들은 지속 가능한 성장을 위한 소중한 자원이 되어 줄 것이다. 이렇게 선배로서 존경받고 성장하여 톱 리더에 오른 리더가 이 시대가 요구하는 리더이다.

3

고매한 품격을 갖추다

오늘날 같은 불확실성시대에 리더들은 이전보다 훨씬 더 높은 수준의 역량을 요구받고 있다. 리더의 언행이 대중에게 그대로 노출되고, 비윤리적인 리더십이 기업의 평판을 한순간에 무너뜨리기 때문이다. 따라서 그 어느 때보다도 성숙한 멘탈을 기반으로 건강한 성장을 도모해야 하는 시기이다.

또한 사람의 감정과 욕구를 억제하고 표준화와 규모가 기업의 성과를 이끌던 시대는 지나갔다. 인간 본연의 창의성과 감정이 발현될 수 있도록 조직은 빠르게 변하고 있다. 이런 시대에 더욱더 마음 관리의 중요성은 더욱 커진다.

국내 유수의 기업과 조직을 이끄는 리더들은 조사 연구한 바에 의하면, 그들의 탁월한 리더십의 비밀은 특별한 지식이나 능력이 아니라 자신의 마음을 들여다보는 힘이었다.

훌륭한 리더가 되는 것은 '나만의 성공 방식'을 만들어가는 여정과 같다. 이를 위해서는 먼저 자신의 내면을 깊숙이 들여다보고 리더로서 장단점을 먼저 파악할 수 있어야 한다. 그 다음 내가 생각하는 리더의 모습과 나의 현재의 모습과의 간극과 거리를 좁혀 나가야 한다.

또한 어둠이 언제 끝날지 알지 못하는 시간과 절망만 가득해 보이는 공간 속에서도 리더는 시종일관 바른 길을 찾아야 한다. 만일 판단이 어려운 갈등 상황에 놓인다면, 해야 할지 말아야 할지 흔들리는 상황에 있다면 스스로에게 다음과 같은 질문을 한다.

"인간으로서 무엇이 옳은가?"
"지금 내가 하는 일이 세상에 도움이 됐고 그로써 내 인생이 행복한가?"

이 질문에 올바른 답을 찾으면 지금까지 느껴보지 못한 용기와 자신감으로 무장하게 된다. 그러나 만일 올바른 답을 얻지 못한다면 리더로서의 정체성마저 잃게 된다.

리더가 무엇인가를 이루어 내려면 많은 사람의 마음을 아는 정도를 넘어 마음을 얻어 그들의 참여를 이끌어내야 한다. 그러기 위해서는 누가 봐도, 어떤 방향에서 봐도 당당하게 말할 수 있는 고매한 품격을 갖추어야 한다. 그렇지 못하면 자신의 일에 협력을 얻을 수 없고, 그 일을 성공시킬 수 없다.

| 결단의 순간에 나타나는 고매한 품격 |

고매한 품격은 결단의 순간에 나타난다. 결단이 가장 공평무사하고, 정의롭고 진리에 부합해야 그 리더는 고매한 품격의 소유자라고 말할 수 있다.

리더가 조직을 이끌거나 사업을 하다 보면 어느 순간 벽에 부딪쳐 나아갈 방향을 찾지 못한 채 괴로울 때가 있다. 그럴 때마다 리더는 스스로에게 '무엇이 올바른가?' 질문을 해서 그 해답에 따라 행동하면 된다. 그런 내공이 쌓여 기대 이상의 놀라운 성과를 가져 온다. 만일 기대 이상의 성과를 얻지 못할지라도 결코 후회하지 않는다. 옳은 방향으로 일을 했다는 확신으로 행동했기 때문이다. 이 시대가 요구하는 리더는 바로 이런 고매한 품격을 가진 리더이다.

4

도덕적 권위가 있다

리더의 자리가 리더의 권위를 주는 것은 아니다. 리더의 권위는 리더 스스로 만들어서 형성되는 것이다.

권위에는 여러 가지 종류가 있다. 태생적 권위에서부터 도덕적 권위, 연장자의 권위까지. 생각과 관점에 따라 다를 수 있으나 십여 가지가 된다. 그 중에서 리더에게 요구되는 권위는 도덕적 권위이다. 도덕적 권위가 있을 때 구성원들이 그를 리더로 모시고 추종하며, 그의 의견이나 생각을 존중한다.

그러면 도덕적 권위란 무엇인가? 하버드 비즈니스 스쿨의 케빈

세어 교수는 도덕적 권위에 대해서 이렇게 말했다.

"도덕적 권위는 정확히 규정하기 쉽지 않지만, 우리는 그것을 보고 안다. 때로는 보지 않고도 안다. 도덕적 권위가 없는 리더는 불신을 키우며, 냉소를 만들어 내고, 조직 전체의 진취성을 죽인다. 시간이 흐르면 도덕적 권위가 없는 리더는 기업 또는 한 지역에서 치명적인 결과를 초래한다."

도덕적 권위가 없는 리더는 그가 이끄는 조직은 물론 사회에서도 치명적인 결과를 가져온다는 것이다. 따라서 이 시대를 이끌어가는 리더에게는 무엇보다도 도덕적 권위가 가장 중요한 요소라고 말한다.

도덕적 권위는 신비롭고 이 사회와 동떨어진 것이 아니다. 리더라면 누구나 소유할 수 있다. 이것은 역량, 용기, 일관성, 그리고 기질이라는 네 가지 요소를 기반으로 형성된다.

| 도덕적 권위의 4가지 요소 |

첫째, 역량은 도덕적 권위의 핵심이다.

리더가 직무를 수행하지 못하면 제 몫을 할 수 없을 것이며, 조직을 이끌 수 없다. 리더가 스스로의 가치를 입증하지 않고서는 어떤 리더도 자기 사람에게 진정한 권위를 발하지 못한다. 따라서 리더는 잡일에서부터 큰 프로젝트에 이르기까지 최선을 다할 때 역량이 쌓인다.

둘째, 불안을 직면했을 때 두려워하지 않고 나아가는 용기다.

리더의 권위는 한 개인의 용기에 따라 커지기도 하고, 줄어들기도 한다. 작가이자 교수인 루이스는 용기에 대해서 이렇게 말했다.

"용기는 한 가지 미덕이 아니다. 시험의 순간에 나타나는 많은 미덕이 용기에서 나온다."

용기가 없다면 다른 미덕도 지속적으로 지닐 수 없다. 용기가 있다면 특히 해결하기 매우 어려운 문제나 난관에 부딪쳤을 때 도덕적 권위를 획득하게 된다.

셋째, 항상 잘하는 일관성이 있어야 한다.

일관성은 리더에게 무척 가치 있는 자질이다. 일관성은 리더에게 명성을 확립시켜 주고, 팀원들을 더욱 안정적으로 만들며, 성장을 촉진하는 도구이다. 또한 일관성은 리더에게 상황과 관계를 지어주며, 리더가 기대하는 사람들을 따르게 하며, 구성원들에게 리더의 메시지를 계속 받아들이게 한다. 따라서 일관성은 리더에게 중요한 가치가 된다.

마지막으로 진정성, 진실성, 겸손, 그리고 애정의 기질을 가지고 있는 리더에게 도덕적 권위가 있다.

우리가 사는 이 시대는 복잡하고 다양하며, 하루가 다르게 변하는 세상이다. 이런 시대에 무엇보다도 도덕적으로 권위가 있는 리더가 요구된다.

5

휴먼파워로 승부를 건다

　과거의 리더십은 지위로부터 오는 권력이었다. 사장이나 부장 같은 직함에서 오는 무게가 있어서 사람 자체보다 직위를 따르는 경향이 있었다. 그러나 지금은 지위만으로 부하 직원을 진심으로 따르게 할 수 없다. 휴먼 파워 즉 리더의 인간력이 있어야 구성원들이 진심으로 따르고 명령에 순종한다.

　직함만으로 운용하는 경영전략은 공포정치로 흐르기 쉽다. 그러나 공포정치는 오래 유지할 수 없다는 것은 역사가 증명하고 있다. 반드시 어디에서 저항 세력이 나타난다. 직함에만 의지해서 일해 온 사람은 직함을 잃는 순간 모든 것을 잃게 된다.

상사가 "오늘 한 잔 할까?"라고 제안했는데, 부하가 "야근 수당 나오나요?"라고 되묻는다면 그 상사는 인간적으로 술을 함께 마실 의미가 없다는 뜻이다. 그 상사는 직함이 없다면 외면당하는 사람이다. 적어도 부하직원이 "이 상사는 배울 점이 많아. 만나는 것이 좋아. 이 상사와 함께 시간을 보내면 도움이 될 거야."라고 생각한다면 거절할 리가 없다. 상사는 직함을 이용해서 강제로 말을 듣게 하는 게 아니라 "이 상사라면 믿고 따를 수 있어." 라고 생각하게 만드는 휴먼파워를 갖추어야 한다. 그리고 그런 휴먼파워는 하늘에서 떨어지는 것이 아니라 평소의 말과 행동이 쌓이면서 서서히 형성된다.

리더십은 처음부터 타고난 재능이 아니다. 리더가 자신의 장단점을 확실하게 인식하고, 스스로 빠지기 쉬운 함정을 피하며, 직원들과 자유로운 소통을 해나가다 보면 어느새 자연스럽게 리더십을 발휘하게 된다. '리더십'은 리더에 따라 천차만별이기 때문에 다른 사람의 방식을 흉내 낸다고 해서 이루어지는 것은 아니다. 자신의 성향에 적합한, 자기 나름의 방식을 찾아 개발해야 한다.

훌륭한 리더는 자신에게 '어떤 가치를 소중하게 여기며, 어떤 기준을 가지고 어떤 방향으로 나아가려 하는가? '자주 자문한다. 결국 자신은 어떤 사람인지, 궁극적으로 무엇을 실현하고 싶은 지에서부터 근본적인 물음에 해답을 찾은 뒤 그 해답이 가르치는 방향대로 나아간다. 모든 사람에게 통하는 절대적인 해답은 없다. 결국 리더가 자신에게 맞는 방법을 스스로 찾아야만 한다.

| 훌륭한 리더십이란? |

아버지와 아들이 등산을 하고 있었다. 그들은 깊은 계곡을 가로지르는 긴 현수교에 도착했다. 계곡을 향해 부는 바람에 다리가 조금씩 흔들렸다. 아버지가 아들을 보며 "다리를 건너야 한다."라고 말했다. 먼저 발걸음을 옮기던 아버지가 몇 발자국 걸어가다가 뒤를 돌아다보며 이렇게 말했다. "이리 온, 내 뒤에 붙어서 걸어라!" 그러나 아이는 겁에 질려 멈춰 섰다. 아버지는 아이에게 말했다. "이리 와! 널 두고 가지 않을 거야!" 아버지의 태도에는 조금도 두려움이 없었다. 아이는 발을 내딛다가 다리가 흔들거리자 금세 멈춰 버렸다.

아버지는 다리가 약간 흔들리지만 그들의 몸도 다리와 함께 자연스럽게 움직일 것이라고 설명했다. 그들은 다시 출발했다. 중간 지점에 가까워졌을 때는 다리가 부드럽게 리듬을 타며 움직이고 시원한 바람이 그들의 얼굴에 상쾌하게 불어왔다. 아버지가 중간 지점에 멈춰 서서 아이에게 말했다. "네가 앞서 갈래?" 아이는 밝게 웃으며 말했다. "좋아요!" 그리고 그들은 계속해서 반대편을 향해 걸어갔다.

훌륭한 리더십이란 구성원들이 흔들리는 현수교를 건너가도록 이끄는 일이나 다름없다.

6

수확하기보다
씨 뿌리는 것을 좋아하는 리더

사람들은 누구나 주면 좋아한다. 그리하여 주는 사람은 사랑받는다. 성경에도 주는 사람이 복 받는다고 했다. 그래서 지금까지 자기 것을 주고 욕먹는 사람은 없다. 받는 사람은 허리를 굽히게 되어 있고, 그것이 진정이라는 생각이 들면 그 사람을 위해 충성하게 된다. 결정적인 때 주게 되면 그것의 몇 배를 돌려받게 된다. 이 시대가 요구하는 리더는 진정과 사랑과 용서를 줄 줄 안다. 그리하여 노력하지 않아도 사람들로부터 리더십을 인정받게 된다.

자기 것을 포기하고 남에게 주는 일은 참으로 멋진 일이다.

보험 세일즈로 27세 젊은 나이에 백만장자가 된 폴 마이어는 많은 사람들로부터 존경을 받았다. 그가 존경받는 이유는 돈이 많아서, 또는 젊은 나이에 성공해서가 아니라 그가 나누어 주기를 잘했기 때문이다. 그는 평소 수입의 절반은 가난한 사람들에게 나누어 준다는 철칙을 가지고 그대로 실행한 사람이었다. 그의 이러한 삶은 많은 사람들에게 감동을 주었고, 그로 인해서 오히려 20억 달러의 거금을 버는 부자가 되었다.

훌륭한 리더는 자기에게서 떠나 다른 사람에게 초점을 맞춘다. 수확하기보다 씨 뿌리는 데에 초점을 맞춘다. 리더는 씨 뿌리는 사람의 마음을 유지한다. 계산하지 않고 베푼다. 동기를 순순하게 유지한다.

보상이 베풂의 동기가 되어서는 안 된다. 현재 우리는 '가는 말이 고아야 오는 말도 고운' 세상에 살고 있다. 즉 내가 먼저 줘야 답이 오는 세상에 살고 있다는 뜻이다.

그러나 다른 사람을 도와주는 리더는 결코 계산기를 두드리지 않는다. 그 일이 올바른 일이라는 확신이 있기 때문에 '주는 씨앗'을 뿌린다. 동기를 순수하게 유지하고 있기 때문에 그들이 주고 뿌린 씨앗은 의미가 있는 것이다.

훌륭한 리더는 주는 리더이다. 그들은 잃는 것 같지만 얻는다. 남에게 줄 때 기억해야 할 것은 적절한 타이밍이다. 아무 때나 준다고 감동을 받는 것은 아니다. 시간과 장소가 맞아야 감동한다. 타이밍을 놓쳐서는 안 된다. 그 타이밍을 놓치지 말아야 사람의 마음을 잡을 수 있고, 더 큰 결과를 얻을 수 있다. 타이밍을 놓치면 차라리 안 주는 것만 못하다.

훌륭한 리더는 물질만 주는 것이 아니다. 삶의 가치를 주고, 긍정적인 씨앗을 뿌린다. 구성원들에게 앞으로 리더가 될 자질이 있다고 말해주고, 인생의 소명이 있다고 격려해주며, 무조건 사랑을 베풀고, 미래가 창창할 것이라 호언해 주는 리더들이다. 이들은 이렇게 사람들에게 가치를 심어주고, 삶의 의미를 깨닫게 해준다.

리더는 다른 사람의 삶에 긍정의 씨앗을 뿌려 도움이 되는 일을 주저하지 않는다. 가능한 시시때때로, 가능한 빨리 가치를 더해준다. 다른 사람들이 더 가치 있는 삶을 살도록 도와준다. 그리하여 그들은 누군가가 위대한 삶을 살도록 격려해주는 사람으로 기억된다.

| 다른 사람을 지원하고 성장시켜라 |

골드만삭스의 두 팀장이 큰 수익을 올릴 수 있는 참신한 방법을 제안해 경영위원회에서 아이디어를 발표하라는 지시를 받았다. 이 중 고참 팀장이 발표를 맡아 마무리할 무렵, CEO인 루빈이 그를 밖으로 불러냈다. 고참 팀장은 CEO가 직접 축하의 말을 전하며 아이디어를 칭찬해 줄 것으로 예상했다. 경영위원회가 아이디어를 우수하다고 판단하여 채택할 것이라는 사실은 명백해 보였기 때문이다. 하지만 그의 예상과는 달리 루빈은 고참 팀장에게 '고참 팀장의 한 가지 임무는 부하직원을 발전시키는 일이라'며 따라서 부하직원을 지도해 발표시키는 편이 바람직하다고 지적했다.

"다른 사람을 지원하고 성장시켜라!" 골드만삭스는 지금도 루빈의 교훈을 잊지 않고 있다. 골드만삭스가 수년 동안 그처럼 수많은 훌륭한 리더를 배출한 것은 바로 이 교훈 때문이다.

7

편향된 사고에
집착하지 않는다

추리소설의 작가 코난 도일은 영국 에든버러대학교와 대학원을 나와 의학 박사이지만, 셜록 홈즈 시리즈로 추리소설의 새로운 지평을 열었다는 평가를 받은 천재 작가이다. 그는 그 외에도 시인이자 컬럼니스트로 다방면에 다재다능한 천재였다. 그런데 천재 소리를 들은 도일은 불합리한 사고로 이상한 행동을 하여 사람들을 놀라게 한 일이 많았다. 요정의 존재를 믿고 그것을 세상에 알리기 위해 많은 노력과 시간을 낭비하여 '헛똑똑이'라는 별명을 얻기까지 하였다.

코난 도일뿐만 아니라 지금 우리가 사는 사회에서도 지능이 높아 똑똑하다는 사람들이 뜻밖의 생각을 하거나 불합리한 행동을 하고 어리석은 실수를 하여 사람들로부터 '헛똑똑이'라는 소리를 듣는 사람들이 의외로 많다. 지능이 뛰어나고 머리가 좋은 사람들이 왜 그렇게 비상식적인 사고를 하고 어리석은 행동을 할까? 보통 상식을 가지고 있는 사람들은 도저히 이해하지 못한다.

최근 많은 심리학자들이 연구한 결과 머리가 좋은 사람들은 편향된 사고를 갖기 쉽다는 것이다. 똑똑한 사람들이 자신의 편향된 생각이나 논리에 집착하여 다른 생각을 하지 못하며, 자신의 논리와 다른 논리를 차단시키는 경향이 있다. 자신만의 세계관에 집착하여 다른 사람의 생각이나 논리를 받아들일 여지를 남겨 두지 않는다.

이런 헛똑똑이가 한 개인일 때는 문제가 그 개인의 신상의 문제로 국한되지만 만약 한 집단의 리더일 때는 그 조직은 물론 사회적으로 큰 문제를 야기할 수 있다. 심리학자들은 이런 함정을 극복하는 방법으로 세 가지를 제시한다.

| 정상적인 사고방식을 갖게 하는 방법 3가지 |

정상적인 사고방식을 갖도록 하는 방법으로는 다음 세 가지가 있다.

첫째는 증거에 입각하여 생각하고 판단하라는 것이다. 어떤 사안에 대해서 증거를 기반으로 자신만의 직감과 생각을 의심하고, 관련 증거를 모두 고려해서 생각하고 판단하라는 것이다.

둘째, 자신의 문제를 다른 관점에서 보라는 것이다.

나와 거리를 두고 제 삼자가 돼 자신을 관찰하는 열린 마음으로, 더 넓은 관점에서 문제를 보게 되면 매몰된 시각을 피할 수 있다는 것이다.

셋째, 지적 겸손을 강조한다.

자신의 무지와 한계를 인정하는 태도는 폭 넓은 사고방식을 갖게 하여 어느 한쪽에 집착하는 사고방식을 막는 데에 도움이 된다.

리더가 편향된 사고를 하고 그것에 집착한다면 리더 개인상의 문제뿐만 아니라 리더가 속한 조직은 물론 사회에 상당한 영향을 미치므로, 열린 자세로 모든 것을 포용할 수 있는 자세가 무엇보다도 필요하다. 이렇게 열린 마음과 자세를 가진 리더가 이 시대에 요구하는 리더이다.

PART

7

영감을 주는
훌륭한 리더의 소통 방법

part 7

영감을 주는 훌륭한 리더의 소통 방법

1

리더가 갖추어야 할
소통 역량

    이 시대의 화두는 소통이다. 부모와 자식 간에, 스승과 제자 사이에, 그리고 리더와 구성원들 사이에 소통이 무엇보다 필요하다고 말한다. 특히 조직이나 기업에서 비전과 전략이 결정되는 과정에서부터 실행하는 과정까지 소통을 해야 한다. 그리하여 잭 웰치는 "경영은 소통, 소통, 소통이다."라고 말했다. 사업의 경영은 곧 소통이라고 말한 것이다.

    경영 컨설턴트로 유명한 리귀롱 역시 "경영은 실제로 70% 이상의 시간을 의사소통을 위해서 사용한다. 기업의 문제 중 70%는 의사소통의 장애로 인해서 생긴 것이다."라고 소통을 강조하였다.

소통, 오늘날 너무 많이 우려먹는 식상한 주제이기도 하다. 많은 리더들은 소통이 가장 짜증나는 일 중의 하나라고 한다. 소통을 하려고 하니 성과는 별로 나타나지 않고 안할 수도 없는 존재라는 것이다. 구성원들 역시 똑같은 생각을 하고 있다.

리더의 소통은 그리스 신화에 나오는 시시포스와 같은 운명에 놓여 있다.

시시포스는 신들로부터 커다란 바위를 산꼭대기까지 밀어 올리라는 명령을 받는다. 힘겹게 바위를 밀어 올려 산꼭대기에 다다르면 바위는 아래로 굴러간다. 그렇게 떨어진 바위를 다시 산꼭대기에 올리면 바위는 또다시 아래로 굴러간다. 신화는 시시포스의 이 고된 일이 영원히 반복될 것이라고 한다.

소통 또한 바위를 언덕 위에 올려놓는 것처럼 더디고 고된 일이다. 잠시 망설이면 아래로 떨어진다. 열심히 소통하면 할수록 시간과 정성에 비하면 너무 미미해 때로는 짜증나고 분노가 치밀어 온다.

구성원들은 리더가 밤낮 가리지 않고 열심히 노력하는 것을 알지 못한다고 불평이다. 구성원들은 리더의 소통은 말만 소통이지, 일반적인 설교나 설득에 불과한데 이런 수고를 왜 하는지 모르겠다고 불평한다.

구성원들은 리더가 자신을 비우지 않고 일방적으로 설명하는데 무엇이 통하겠느냐고 말한다. 반면에 리더는 구성원들이 서로 통하자고 하면 저들도 마음을 열고 와야지 무조건 나만 마음을 비우라니 적반하장이라고 한다. 양측 주장은 일리가 있다.

| 소통의 의미 |

그렇다면 소통이란 무엇을 말하는 것인가? 소통의 라틴어인 '함께' 라는 뜻을 가진 cum과 '도와주다'라는 뜻을 가진 munire가 합친 단어이다. 즉 '서로 도와준다.'는 뜻으로 어느 한쪽이 일방적으로 귀를 기울이는 것이 아니라 리더와 구성원들이 서로 통하려고 노력을 기울이지 않으면 안 된다는 뜻이다.

리더에게 소통 역량은 절대로 구비해야 할 필수품이다. 명령과 지시로는 구성원들이 손발만 움직이기 때문이다.

리더가 소통 역량을 갖지 못한다면, 그가 아무리 독특한 아이디어나 전략을 갖고 있더라도 실현할 수 없다. 구성원들이 따라주지 않기 때문이다. 따라서 소통은 아이디어나 전략을 성과로 연결하고 결과를 내기 위한 리더의 핵심 능력이다. 이 시대는 이런 핵심 능력을 소유한 리더를 요구한다.

2

리더십의 핵심, 소통

훌륭한 리더십은 조직의 효율성뿐만 아니라 사회 경제적 번영을 누리는 데에 필수적이다. 그러나 이렇게 모든 영역과 닿아 있다는 점 때문에 훌륭한 리더를 만드는 기존의 요소가 변화되고 있다. 리더를 육성하는 방식 또한 바뀌어야 한다. 리더십 및 경영연구소는 글로벌 기업들의 인사담당자들을 대상으로 미래의 리더가 갖추어야 할 소양에 대해 설문조사를 실시했다. 응답자들은 다음과 같은 조건들을 제시했다.

선견지명을 갖춘 인재, 구성원들에게 귀감이 되며 동기부여가 가능한 인재, 추진력이 있고, 야심만만하며, 뛰어난 감성을 소유한 인재, 신뢰가 가는 리더와 소통자로서의 면모를 갖춘 인재를 꼽았다. 특히 동기를 부여하고 귀감이 된다는 점은 관리자를 채용할 때 가장 비중 있게 고려되는 것으로 나타났다.

오늘날 권력이나 직함, 경쟁력만으로는 더 이상 훌륭한 리더가 될 수 없다. 조직 구성원들로부터 신임과 신뢰를 얻고 이를 지켜나가는 능력이 관건이며, 그 능력이 유능한 리더로 만든다. 그것은 끊임없이 조직 구성원들의 삶에 가치를 부여하여 향후 발생할 수 있는 실수나 어려운 난관, 그리고 치열한 경쟁구도에서 함께 살아갈 수 있는 끈끈한 연대를 만들어가는 능력을 말한다.

조직 구성원들은 리더가 얼마나 알고 있는지가 아니라 얼마나 자신들을 신경 써주느냐에 관심이 많다. 합리적 주장이나 지적 능력은 끈끈한 감정적 유대나 정서적 유대를 절대로 능가하지 못한다.

이 시대가 요구하는 리더는 조직의 모든 구성원들에게 부합하는 목적과 의미를 제시할 수 있어야 한다. 모든 구성원들과의 관계를 이루기 위해서는 엄청난 노력이 필요하지만 갖가지 사람들을 한데 묶는 것은 바로 신뢰이다. 신뢰를 쌓는 데에는 실로 오랜 시간이 걸리지만 잃는 것은 한순간이다.

좋은 감성을 기반으로 한 소통은 성공적인 리더십을 구성하는 필수 조건이다. 효과적인 리더십을 구성하는 대다수 요건은 진정성, 성실성, 개방성, 공감능력, 그리고 귀 기울이는 자세 등 감성 지능과 연관되어 있지만, 기술적 역량과의 상관관계는 상대적으로 미약한 것으로 나타났다. 새로운 시대를 향해 나가는 일부 리더들에게 가장 큰 난제는 전문성의 부족이 아닌, 바로 사람과의 관계, 그리고 소통 능력의 부재이다.

| 좋은 리더십과 뛰어난 리더십의 차이 |

영국 랭커스터 대학교 산하 한 노동재단이 최근 2년간에 걸쳐 실시한 연구 결과를 〈뛰어난 리더십의 원칙〉이란 제목으로 발표하였다. 이 연구를 통해서 좋은 리더십과 뛰어난 리더십에는 차이가 분명히 있다는 점을 나타냈다. 뛰어난 리더는 구성원들의 비전에 대해 연설할 때 시기와 참여를 끌어올리는 방법으로 심도 있고 구체적인 목표를 제시하는 반면에 좋은 리더는 목표 달성에 맞는 인재를 배치할 목적으로만 비전을 사용한다.

뛰어난 리더는 행동과 결과 사이에 존재하는 연결고리를 보는 안목을 가졌으며, 의미 있는 대화를 위한 공간을 만들어내는 능력도 또한 가졌다. 단지 사람에게만 집중하는 것이 아니라 사람과 사람이 모여 이르는 관계에 집중한다고 하였다. 결론적으로 이 연구에 의하면 사업 방향과 기업 가치에 부합하는 구성원들의 지지를 얻기 위한 소통에 상당한 시간을 할애한다는 것이다.

3

심리적 안정감을 주는
커뮤니케이션

최근에 세계 최대 인터넷 기업인 구글이 권위 있는 조직심리학자, 통계학자 등을 모아 '어떤 사람이 조직을 가장 효율적으로 운영하는가?'라는 주제를 가지고 토론하면서 많은 기업들의 리더들을 대상으로 조사한 결과도 함께 발표하였다. 그 발표에 의하면, 기업을 가장 효율적으로 운영하는 것은 사람이나 직위에 있지 않고 구성원들 간의 커뮤니케이션의 방법이 중요한 것으로 나타났다. 즉 조직이 구성원의 어떤 의견이든지 진지하게 받아주느냐에 있다는 것이다.

구글이 여러 분야의 학자들과 실험한 결과, 성공의 첫 번째 특성은 조직원들의 심리적 안정감이었다. 여기서 말하는 심리적 안정감이란, 구성원이 업무에 관해 어떤 의견을 제시해도 보복을 받지 않을 것이라는 믿음과 조직 환경을 말한다.

대부분의 기업이 능력 있는 인재를 영입하는 데 힘을 기울이고 있지만, 구성원들이 자유롭게 문제를 제기할 수 있는 여건이 조성되지 않는 한 그들의 뛰어난 역량을 제대로 발휘하지 못한다는 것이다.

업무와 관련해 어떤 말을 하더라도 두려움을 느끼지 않고 오히려 인정받는다고 느낄 때 구성원은 활발하게 아이디어를 제시하고, 실수나 문제를 빠르게 드러내어 그로 인한 손실을 최소화한다. 그런 방법의 하나로 구글은 실패한 팀에 보너스를 주는 특단의 조처를 취함으로써 조직원의 심리적 안정감을 추구하였다. 성공 가능성이 희박한 프로젝트에 매달리는 것보다 실상을 정확하게 파악하여 중단한 팀에 보너스를 주는 것이 훨씬 낫다는 것이다.

| 공포 경영의 대가 |

이런 구글의 태도와는 정반대의 길을 택한 기업이 많다. 그 중에 대표적인 기업으로 독일 자동차 폭스바겐을 들 수 있다. 이 기업의 마르틴 빈데르코른 회장은 직원들에게 앞으로 6주 안에 세계적인 수준의 디자인을 뽑지 않으면 해고하겠다는 엄포를 놓았다. 마르틴 회장의 기대와는 달리 그로부터 폭스바겐 회사는 내리막길로 달리기 시작하였다. 폭스바겐 회사뿐만 아니라 많은 기업들이 그 조직의 리더가 직원들에게 엄포나 협박으로 인하여 나락으로 떨어지게 되는 것은 직원들이 이런 엄포나 협박에 두려워 모든 문제에 대해서 '침묵'을 하고 있다는 점이다. 공포 경영으로 리더에게 두려움을 느낀 구성원들은 회사의 모든 일에 침묵을 한다. 기획하거나 실시하고 있는 프로젝트가 실패하거나 성과를 내지 못할 것을 뻔히 알면서도 침묵으로 일관하여 실패를 예방하거나 중단시키는 일을 하지 못하여 결국 기업이 나락으로 떨어지는 결과를 가져 온다.

조직원에게 심리적 안정감을 주기 위해서는 무엇보다도 실패에 대한 정의를 새로 하는 작업이 필요하다. 실패는 절대로 일어나서는 안 되는 일이 아니라 성공하기 위해서는 반드시 겪어야 할 과정의 하나로 인식하는 것이 중요하다.

이 시대가 요구하는 훌륭한 리더는 겸손한 자세로 조직원들에게 다가간다. 리더의 겸손은 구성원들을 위한 것이 아니라 회사의 생존을 위한 필수적인 마음가짐이라는 것을 리더 스스로 깨달았기 때문이다.

4

소통의 기본

21세기는 '소통의 리더십 시대'라고 한다. 현대 사회는 조직 구성원들의 마음을 얻어 자발적인 참여를 유도하는 시대이므로 리더와 구성원 쌍방 간의 소통이 필요하다.

소통은 한마디로 '다른 것과의 관계'를 어떻게 받아들이느냐가 문제다. 리더는 자신과 다른 것에 대해서는 참지 못하는 경향이 있다. 자신과 다르다면 우선 상대를 압박하거나 설득을 통해 동화시키려고 한다. 이런 과정을 겪으면서 사람들과의 갈등 관계가 형성된다. 가족관계에서도 수많은 갈등은 모두 이런 현상에서 시작된다. 조직 내에서 더 심하면 심했지 덜하지는 않다. 다름은 인정해야 좋은 소통이 된다. 즉 좋은 소통의 기초는 서로 다름을 인정하는 것이다.

소통의 기본은 먼저 내가 가지고 있는 것을 어느 정도 비우는 것이다. 리더가 자신의 원칙과 생각을 하나도 포기하지 않으면서 소통하려는 것은 구성원들에게 두려운 일이다. 진정한 소통이 이루어지기 위해서는 더 힘 있는 사람, 더 높은 지위에 있는 사람이 먼저 자신을 비워야 한다. 그리고 기다려야 한다. 리더 자신이 최고 전문가인데 구성원들의 말에 귀를 기울이고, 자신의 의견을 말하기 앞서 그들의 의견을 듣는다는 것은 어려운 일이다. 하지만 리더가 자신을 낮추어 구성원들과 눈높이를 낮출 때 엄청난 효과가 난다.

| 자신을 낮추고 진솔한 소통을 하다 |

전 세계에서 관람객이 가장 많이 찾는 현대미술관은 영국의 테이트미술관이다. 2020년 한 해 동안 900만 명이 넘는 관람객이 찾았다. 세로타 총관장은 1988년부터 26년째 미술과 총관장직을 맡고 있다.

세로타 관장은 자신이 최고 전문가임에도 불구하고 군림하지 않고 큐레이터가 상상력을 마음껏 발휘하도록 이끌어주고 밀어주는 일에 집중했다. 그는 자신의 관점에서 마음에 안 들 때에도 '내 관점은 그렇지만 다른 관점도 있을 수 있지.'라고 생각하고 참았다. 세로타는 자신의 의견을 큐레이터와 동일한 시점에 두고 그들의 의견을 듣고 적극 반영하는 태도를 계속 유지했다. 그가 그토록 오랫동안 장수할 수 있었던 비결은 자신을 낮추고 구성원들과 진솔한 소통이 가능했기 때문이다.

세로타는 자신의 예술적 비전과 지향점이 있지만 전시 기획과 설치에 관해서는 일체 간섭하지 않는다. 큐레이터 입장에서 보면 톱 리더의 침묵은 신뢰인 동시에 엄청난 부담이다. 그리하여 큐레이터들은 예술가들과 상의하고 협력하여 더 좋은 전시장이 되도록 노력하며, 더 깊이 재해석하려는 노력을 하게 된다. 이로써 구성원들은 한 단계 더 성장하는 계기가 되었고, 그 결과 테이트미술관의 전시회는 대중들에게 기쁨과 자극을 주는 세계 최고의 전시관이 된 것이다.

5

직관적인 육감에서 나오는
소통의 기술

상대방의 마음을 정확히 읽는 데 뛰어난 재능을 가진 리더는 다음의 세 가지 조건 중 어느 한 가지는 반드시 가지고 있다.

첫째, 지금까지 인간관계를 통해서 얻은 경험을 바탕으로 상대방의 심리를 꿰뚫어 보는 데 탁월하다.

이런 타입은 기업을 경영하고 있는 오너나 CEO 중에서 흔히 볼 수 있다. 그들은 오랜 세월 걸쳐서 많은 구성원들과 접촉한 경험을 토대로 인사관리에 익숙하다.

이 경우의 소통의 기술은 '직관적인 육감'에서 나온다. 이것은 그들이 체험을 통한 직감인 만큼 비과학적이긴 하지만, 의외로 상대방의 마음을 정확히 읽는 경우가 많다. 그렇기 때문에 그런 CEO일수록 많은 부하직원들을 상대로 정확한 인사관리가 행해지고, 나아가서 기업의 운영도 잘 하고 있다.

둘째, 자기 자신을 잘 컨트롤 한다.

여기서 자기 컨트롤이란 사람을 만날 때 느끼는 갖가지의 공포를 의식적으로 억제하고 조종하는 것만 말하는 것이 아니라, 어떤 상황에 처하더라도 그것에 휩쓸리지 않는 것을 말한다. 즉 자기 스스로를 컨트롤하여 주위 환경에 휘둘리지 않는다. 그래야만 사물을 객관적으로, 선입관 없이 관찰할 수 있다. 위대한 예술가나 저명한 CEO 중에, 또한 탁월한 업적을 남긴 학자들 중에 이렇게 자기 컨트롤을 잘 하는 사람이 많다.

셋째, 심리학적 지식을 통해 익힌 경우다.

인간의 말과 행동은 그 사람의 의지에 따라 나타난다. 그러므로 사람의 마음을 제대로 이해하려면 그 사람의 말과 행동을 잘 관찰해야 한다.

인간은 무엇이든지 갑자기 의식할 수 있는 존재가 아니다. 그런 행동을 하기 앞서 그 사람의 의식 내부에 잠재되어 있는 무의식의 갖가지 충동이나 욕구가 어떤 충동으로 옮겨지는 것이다.

이처럼 우리들은 사람의 말이나 행동에서 그 사람의 의식은 물론이고 무의식까지 읽어낼 수 있다.

이런 이론은 심리학적인 지식에 의해서 얻을 수밖에 없다. 그리고 이런 심리학적인 지식을 바탕으로 상대방의 마음을 제대로 읽어낼 줄 아는 사람이 자신의 마음 또한 제대로 컨트롤할 수 있다. 결국 마음을 읽는 기술이 성공적인 인간관계의 핵심요소다. 이 시대가 요구하는 훌륭한 리더는 상대의 마음을 파악할 수 있고, 또한 자신의 마음도 컨트롤 할 수 있는 리더이다.

6

훌륭한 리더는
경청을 매우 중요시한다

오늘날 조직을 대표하는 리더의 나이가 대체적으로 예전보다 낮아지고 있지만 아직 구성원과 리더의 나이 차이는 예전과 크게 다르지 않다. 그 시대에 따라 신조어는 언제나 존재했고, 세대 간의 생각 격차 또한 마찬가지였다. 그러나 이제는 세대별로 삶에 대한 생각이 많이 달라졌고, 리더는 모든 세대를 총괄하는 가치를 받아들이지 못하면 성장하기 어려운 시대가 된 것이다. 중년의 나이인 리더는 젊은 세대를, 젊은 리더는 중년의 세대를 이해하기 위해서 그들의 말을 듣고 삶의 가치를 이해하고 받아들이는 경청이 더욱 중요해진 것이다.

이처럼 경청이 중요한 것을 알면서도 많은 리더들은 경청을 어렵게 받아들이는 것은 경청의 올바른 의미를 파악하지 못한 이유도 있다. 경청을 올바르게 받아들이기 위해서 경청의 기본이 상대방의 이야기를 듣기만 하는 것인지, 상대의 생각을 내 것으로 만들어 공감하는 것인지를 다시 한 번 생각해야 한다. 후자에 대해서 동의를 한다면, 그 리더는 경청에 대해서 계속 연마하면 된다. 그렇지 않다면 많은 경청의 기술도 쓸모없는 것이 된다.

경영학의 아버지로 불리는 피터 드러커는 "소통에서 가장 중요한 것은 상대방의 말하지 않는 것을 듣는 것"이라고 말하였다. 리더는 단순히 귀로 듣는 것뿐만 아니라 마음으로 하는 얘기도 들어야 한다는 뜻이다.

| 경청 리더십으로 회사를 다시 일으키다 |

전 세계 소비제품 시장을 석권하고 있는 P&C 기업을 현재의 수준으로 끌어올린 사람은 전 CEO A.G.레플리였다. 그는 원래 교사가 꿈이었지만 생활을 위해 소매업을 하면서 꿈을 바꾸어 마케팅 전문가가 되겠다는 꿈을 가졌다. 이후 P&C회사에 입사하여 아시아 지역에서 열정을 다해 노력한 결과 엄청난 성과를 거두었다. 그 업적으로 2000년 CEO로 발탁되었으나 오너는 그가 P&G회사

브랜드인 '조이' 영업사원으로 입사한 점을 들어 그를 탐탁하게 생각하지 않았다. 오히려 비웃었다. 당시 회사내외 여러 가지 요인으로 회사 주가가 반 토막으로 하락하는 이변이 발생하면서 레플리는 벼랑 끝에 몰렸다.

레플리는 회사를 다시 일으키기 위한 리더십으로 경청 리더십을 택했다. 그가 그런 방식을 택한 것은 전임 CEO의 독선적인 경영 방식에 구성원들의 반발이 표면적으로 나타나지는 않았지만 내부적으로는 극에 달하고 있었기 때문이다.

레플리는 회의 시간 3분의 2를 '경청의 시간'으로 책정했다. 그는 한 인터뷰에서 경청의 중요성을 언급하면서 이렇게 말했다.

"CEO가 연봉을 많이 받는 이유는 경청의 스트레스에 대한 보상이라고 생각합니다. 지위가 올라갈수록 아랫사람의 말에 귀를 기울여야 합니다. 그 스트레스는 정말 대단해요."

리더는 이렇게 스트레스를 받으며 구성원들과 소통을 통하여 신뢰를 얻었고, 이로 인해 상품개발, 마케팅, 디자인팀을 한 곳에 모아 시너지를 극대화하여 점진적인 성과를 이룰 수가 있었다. 그 결과 그가 재임했던 10년 간 P&G의 매출은 2배로, 영업이익은 4배로 늘어났다.

경청은 자신의 생각으로 듣지 말고, 상대방의 입장에 서서 잘 들어야 하며, 전체를 들어야 한다. 진정한 리더는 상대방의 마음 속에 깔린 의도와 감정까지 읽어내고 들을 수 있는 심안이 열리도록 경청해야 한다. 심안心眼이 열리면 신이 보낸 내면의 소리까지 들을 수 있다. 이 시대가 요구하는 리더는 매순간 깨어 있어 모든 소리를 들을 수 있어야 한다.

7

커뮤니케이션 능력의 기본, 유연성

커뮤니케이션 능력의 기본은 유연성이다. 따라서 무엇보다 리더의 유연성이 요구된다. 그러기 위해서는 익숙한 나의 소통방식을 버리고 서로의 차이를 진심으로 이해하려는 노력이 뒤따라야 한다. 리더가 자신의 입장만 이야기한다면 그것은 죽은 소통이다. 구성원들이 원하는 것이 보여야 리더도 산다. 가장 소통하기 힘든 사람이 고집불통의 리더이다. 이런 리더의 기본 생각은 오로지 하나이다. '나는 옳고 너는 그르다.'이다. 높은 지위에 올라갈수록 이런 생각이 강해진다. 여기에 더 붙여 이런 리더들은 높은 지위에 오르면 지금까지 보이지 않았던 '역린' 현상이 나타난다. 그리하여 자신의 뜻에 위반되는 말이나 심지어 자신의 행동에 대해서 말하는 것조차도 금기 사항으로 여긴다. 이런 역린의 현상은 분노가 조직의 시대정신일 정도로 너무 많아 사회를 뜨겁게 한다.

리더에게 역린의 요소는 너무 많은데다가 기준을 높이 세우니 잔소리가 많아지고 사소한 부분까지 침해하게 된다. 누구에게나 쉽게 분노하는 감정의 역린이 존재한다.

리더는 평소 자신을 쉽게 흥분시키는 감정의 역린이 어떤 것인지 파악해야 한다. 그런 상황에 도달할 것 같은 징조가 보이면 뒤로 한 발 물러서서 감정을 추슬러야 한다.

| 만일을 대비해 준비하라 |

리더가 감정에 휘둘리지 않으려면 미리 준비해야 한다. 자신이 예상과 가정대로 일이 진행되거나 반대로 대화가 진행되지 않을 수 있다는 점을 마음에 새겨 두어야 한다. 그리고 자신의 감정의 역린이 무엇인지 파악하고 그 감정으로 인해서 죽임을 당하지 않도록 경계해야 한다.

시간이 지나고 직위가 위로 올라갈수록 역린을 점점 줄여나가야 한다. 리더에게 많은 대우와 사람과 자원을 집중시켜 주었으면 시너지를 내는 데에 온 힘을 쏟아야 하는데 역린을 키우는 데에 목적을 둔 것처럼 비칠 때가 많다. 리더는 자신의 역린이 조직 전체에 악영향을 미친다는 사실을 알고 가능한 역린을 최소화해야 한다.

그런 방법으로 우선 화를 옮기지 않는 것이 좋다. 화에는 공격성이 담겨 있다. 화를 내는 데에는 상대가 있어야 한다. 그런데 상대가 오기 전부터 화를 내거나 상대가 나간 후에도 분노를 참지 못해 화를 내는 리더가 많다.

리더의 자리는 참고 기다리는 자리다. 리더가 몇 번 강조한다고 해서 부하가 그대로 행동할 것이라고 생각하는 것은 인간에 대한 이해가 부족한 것이다. 좋은 말로 몇 번 이야기했으면 구성원이 알아서 움직이는 것이 당연하다고 리더는 생각할지 모른다. 그렇다면 이 세상은 이미 천국이 되었을 것이다. 리더도, 구성원도 모두 개성을 가진 인간이다.

리더는 감정에 행동을 싣지 말고, 행동에 감정을 이입시켜야 한다. 감정에 행동을 실으면 반드시 리더 자신에게 해가 돌아온다.

리더의 희로애락은 구성원들의 사기에 큰 영향을 미친다. 스스로 감정을 억제하고 관리해 자신을 이끄는 힘, 분노를 어떻게 다스리느냐에 따라 리더 자신은 물론 조직의 미래가 갈린다.

8

귀를 열어
침묵의 소리도 듣는다

    귀 기울일 줄 아는 리더의 영향력은 그 누구보다 막강하다. 이들은 다른 리더들처럼 기한이나 기준, 프로젝트 달성에 좀처럼 실패하는 일이 없다. 그것은 구성원들로 하여금 이해받았다는 느낌을 들게 하기 때문이다. 구성원들은 리더가 그들의 말을 들어주고 이해해주면 중요하고 가치 있는, 존중받고 관심 받는 존재라고 느낀다. 이런 느낌을 받으면 리더와 구성원들 간의 유대가 더욱 끈끈해지며, 조직 내의 문제 해결에 훨씬 도움이 된다.

    리더는 문제를 직접 볼 수 없는 상황이라면 주위의 사람들의 말에 귀를 기울인다. 그들은 경청의 힘을 안다. 경청을 통하여 문제를 해결할 정보를 얻으며, 그 문제를 해결할 수 있는 중요한 사람을 얻는다. 그리고 그 사람을 전적으로 신뢰하여 그 사람의 말을 경청한다.

사람의 마음을 얻으려면 가급적 말은 적게 하고 귀를 열어야 한다.

〈오스카 마법사〉에서 허수아비는 "뇌가 없는 어떤 사람들은 끔찍할 정도로 말을 많이 한다."라고 말을 많이 하는 사람을 재치 있게 비꼬았다.

또한 대화할 때 경청하는 자세도 매우 중요하다.

미국의 빌 클린턴 전 대통령은 대화 도중에 사람들에게 집중하는 것으로 유명하다. 클린턴 대통령을 한 번이라도 만난 사람은 누구나 그의 태도에 매료되었다고 말한다. 대화할 때 상대방에게 온전히 집중하며, 아주 잠깐이라도 대화중에는 세상 누구보다도 나를 소중히 여긴다는 인상을 준다. 클린턴 대통령의 이러한 태도는 사람들에게 놀라운 영향을 미쳤다.

| 자신의 말을 들어주는 리더에게 충성한다 |

사람들은 자신의 말을 들어주는 리더를 만났을 때 충성을 다한다. 반대로 자신의 이야기에 관심을 갖지 않을 때 그 리더를 위하여 일할 의욕을 상실한다.

훌륭한 리더는 문제의 해답을 직접 내린다. 그들은 문제의 해답을 내리기 전에 문제를 정확히 파악하기 위해 문제의 현장으로 달려간다. 다른 사람의 눈으로 해석해서 올라온 보고서만 의지하여 결정을 하면 잘못된 판단으로 올바른 결정을 내리지 못할 수도 있다. 따라서 리더는 문제의 현장으로 달려가 직접 확인한다. 문제를 제대로 해결한 리더는 현장에 익숙하다.

훌륭한 리더는 다른 사람의 말을 듣는 능력을 키우고 환경 관찰을 통해 문제 파악 능력을 키운다. 그들은 올바른 판단을 내리기 위해 정확한 정보를 얻으려고 노력하며, 그 노력의 하나가 경청과 확인이다.

말하는 리더에서 듣는 리더로 변화하고, 탁상에서 보고받는 리더에서 현장에서 뛰어다니는 리더로 전환한다.

리더는 문제를 해결하기 위해서 겸손함과 적극적인 질문을 통해 구성원에게 다가가는 것도 필요하다. 리더의 겸손은 구성원에게 베푸는 혜택이 아니라 기업의 생존을 위한 필수적인 마음가짐이라는 것을 리더 스스로 깨달아야 한다. 에드먼슨은 "반대되는 생각은 늘 존재한다."는 태도로 구성원이 다른 의견을 제시할 수 있도록 적극적으로 독려해야 한다고 강조한다. 이 시대가 요구하는 리더는 자신의 뜻과 다른 의견도 제시할 수 있도록 넓은 마음을 갖는다.

9

사람을 감동시키는
소통의 조건

리더의 메시지가 아무리 좋아도 구성원들의 관심사에 닿지 않으면 효과를 발휘할 수 없다. 리더는 구성원 각자에게 '온리 유'(오직 당신뿐)이라는 인식을 가지고 상대 눈높이에 맞춰 대화를 하지 않으면 효과를 얻지 못하고 시간만 낭비할 뿐이다.

구성원들이 리더의 메시지에 공감하지 않고 아무런 변화를 보이지 않는 데는 두 가지 이유가 있다.

첫째, 애초에 전달하려는 콘텐츠가 명확하게 정리되어 있지 않고 뒤죽박죽이 된 탓이다. 이것은 리더가 제대로 준비하지 않고 그 동안의 경험을 갖고 일을 추진하다가 생긴 결과다.

둘째, 정보나 메시지를 나열해 이것도 강조하고 저것도 강조하여 구성원들이 어느 것에 집중할지 갈피를 잡지 못한다.

| 감동을 주는 소통의 과정 |

리더가 구성원들에게 감동을 주는 소통을 원한다면 다음과 같은 과정이 필요하다.

첫째, 구성원들의 성향을 파악해야 한다.

리더는 구성원들과 깊은 관계를 맺는다. 일대일로 대화를 하면 구성원들은 마치 자신이 지구상에서 가장 소중한 존재가 아닌가 하는 착각에 빠진다. 리더는 구성원들이 그런 착각을 일으키도록 대화를 만들어야 한다. 배려는 구성원 전체를 상대로 하되 총론적으로 하는 것이 아니라 개개인의 사항으로 분해를 해서 적용해야 한다.

둘째, 구성원 성향에 맞는 메시지를 개발해야 한다.

구성원에게 바라는 행동이 무엇이고, 그 행동을 유발시키는 것이 무엇인지 정의하고 메시지를 작성한다. 리더십이 누구에게 영향을 끼치는 것이라면 그 사람이 무엇을 원하는 지 파악해야 한다. 그래야 상대방의 행동을 이해하고 예측할 수 있을 뿐만 아니라 동기부여를 할 수 있다.

성향과 재능이 다른 구성원들에게 똑같은 메시지를 똑같은 방법으로 전달하는 것은 효과가 없다. 구성원의 성향과 재능을 파악하여 그것에 맞게 메시지를 작성하여 전달하는 것이 훌륭한 리더의 소통법이다.

사람들은 조직에 들어가면 높은 자리에 오르기를 희망한다. 그래서 조직에서 높은 자리로 승진한 사람을 모두 부러워한다. 예를 들어서 팀원이던 사람이 팀장으로 승진하면 축하의 말을 한다. 다른 사람을 이끄는 리더가 되었음을 축하해 주는 것이다.

사람들은 직장에서 승진하면 기쁨이나 행복이 가까워진다고 막연히 믿는다. 그런데 믿음과 현실이 별개인 경우가 많다. 조직에서 리더가 되는 경우도 그 중의 하나다. 사람들은 리더로 승진하면 영전榮轉했다고 축하한다. 영전이란 전보다 좋은 자리나 직위로 옮기는 것을 말한다. 리더가 되면 직위가 변한만큼 경제적 사회적 대접도 달라진다. 하지만 대접이 달라진 만큼 그 자리에 대한 책임과 기대도 커진다.

리더가 되면 역할에 대한 책임도 커진다. 그전에는 크게 부담을 느끼지 않았던 부분까지 책임이 부과된다. 개인의 실적이 아니라 조직 전체의 실적이 자신의 실적이 되고, 부하 직원들의 잘못된 부분에 대해서도 일정 부분 책임을 져야 한다. 역할과 책임의 범위가 넓어진 만큼 신경써야 할 일도 많아진다.

리더가 실패하여 불행해지는 경우의 대부분은 이런 책임감에서 비롯된 것보다 시대의 변화를 읽지 못하고 뒤쫓다가 망하는 경우가 허다하다.

고대 그리스 철학자인 헤라클레이토스는 다음과 같이 세상의 변화에 대해서 이렇게 말했다.

"우리는 같은 강물에 두 번 발을 담글 수 없다."

이 말은 시간과 공간의 불가역성을 비유적으로 표현한 말이지만, 오늘날에도 여전히 적용되는, 빛나는 통찰력을 주는 말이다. 제아무리 과학 기술이 발달되었어도 흘러간 세월은 되돌릴 수 없고, 과거와 동일한 삶의 방식은 어디에도 존재하지 않는다. 지금 이 순간에도 시간은 강물처럼 흘러가고, 세상의 공기도 변하고 있다. 《장자莊子》에는 '당랑거치'라는 고사성어가 나온다. 수레바퀴를 사마귀가 막는다는 뜻으로, 감당못할 상대에게 무모하게 덤비면 위험에 빠질 수 있다는 경고다. 끊임없이 변하고 흘러가는 세상에서 리더가 변화를 거부하여 온몸으로 맞선다면 수레바퀴를 막는 사마귀처럼 무모한 짓을 하고 있는 것이다.

본서는 리더가 변하는 시대에 부응하여 사고와 자세, 그리고 마음이 어떻게 변해야 할지를 구체적으로 설명했다. 따라서 본서는 크고 작은 기업이나 조직에서 리더로 있는 사람은 물론 앞으로 리더를 꿈꾸는 젊은이들의 좋은 교과서가 될 것이다.

김주영